中江藤樹の心学と会津・喜多方

吉田　公平
小山　國三　著

研　文　出　版

中江藤樹の心学と会津・喜多方

まえがき

中江藤樹の心学が会津・喜多方地方でどのように学ばれたのか。それを社会史・政治史を踏まえて確認しようとするのが本書の眼目である。

わたしどもが、このような問題意識を抱いた、その理由は次のとおりである。

まず第一に、中江藤樹の儒学思想を語る時に、日本陽明学の開祖と言われるのが通念である。また、中江藤樹の心学は孝を重視したこと。このことが誤りなのではない。たしかに王陽明のいわゆる良知心学を、日本で、自らの心学思想の中核に位置づけて心性論を構築したのは中江藤樹である。

しかし、これまで、中江藤樹が朱子学から陽明学に転向し、晩年に独自の藤樹学を仕立てあげた、その論理構成の独創性は必ずしも丁寧に理解されてこなかった。

そこで、第一部では、朱子学・陽明学の心性論の骨格を述べて、その上で中江藤樹の独自性を明らかにすることにした。

孝を重視したというのは、単に徳目として重視したのではない。心学は知識として「理解する」ことではなくして、一人の人間として心学の原理を生活の現場で「生きる」ことを眼目とする。中江藤樹の心学を学んだ人々は武士・支配者階層を超えた人々が主流であった。徳目として孝を重視したのは庶民の生活倫理を象徴するからである。

心学は超越者に救済を祈念しない。あくまでも自力で自己救済を図る自力主義である。中江藤樹の心学を理解する鍵がここにある。

第二に、中江藤樹の心学が後学によってどのように学ばれたのか、というい わゆる藤樹学派の問題である。日本における陽明学派の系譜の問題に直結する。

これまで中江藤樹を開祖とする陽明学の系譜については、直門としては熊沢蕃山。淵岡山を双璧とする理解が通念である。熊沢蕃山の入門は劇的だが、後に心学論のみでは政治的成果は期待できないと酷評している。

中江藤樹の心学を継承したのは淵岡山の学統であった。しかし、淵岡山の学統が学んだ軌跡と思索の所産を証言する遺書遺言が自筆写本のままであったため、一次資料に基づいて丁寧に解明されることはなかった。

全く無かったわけではない。東敬治・柴田甚五郎・生田正庵・木村光徳諸氏の先駆的業績があり、われわれもその恩恵を十分に受けた。それでもなお、いま一つ腑に落ちない思いを拭いきることができなかった。そこで我々二人は、関連資料を博捜し、自筆写本を読み起こし、『中江藤樹心学派全集』（研文出版。二〇〇七）を刊行した。いわば基礎作業である。

ひとまず、この基礎作業を終えたものの、のこされた肝心の課題がある。淵岡山の心学を最も熱心に学び続けたのは会津・喜多方の人々である。しかし、会津藩の藩祖である保科正之は山崎闇斎に学んだ朱子学・垂加神道の信奉者である。その会津藩で中江藤樹・淵岡山の心学を学ぶということは容易なことではない。キリシタン禁制・寺請制度・藩学の朱子学、それに藩政内部の勢力争いなどが絡んで、一筋縄では理解できない嫌いがある。このことについても、これまでまったく等閑視されてきたわけではないものの、一面的な理解が踏襲されてきた。

そこで本書では、一次資料を丁寧に読み解いて、できるかぎりその時代に即して、淵岡山の学統が会津・喜多方で講学した姿を明らかにすることに努力した。いかに生きるかを問い続けた心学の原理は今でも生きている。否、今こそ改めて再評価さるべき哲学資源であると思う。

本書が広い読者に迎えられて、ご意見ご教示を賜りますことを切に祈念します。

平成三十年八月一日

吉田　公平

中江藤樹の心学と会津・喜多方

目次

Ⅱ　中江藤樹の心学を学び伝え続けた会津の人々

小山國三

Ⅰ　中江藤樹の心学

吉田　公平

はじめに

中江藤樹は一六〇八年・慶長一三年に生まれ、一六四八年・慶安元年に逝去した。享年四一歳である。約四一〇年前に誕生した人である。

徳川幕府が開かれたのは一六〇三年。その後、大坂夏の陣・冬の陣を経て、徳川幕府の支配体制がようやく整いはじめ、一六三八年に島原の乱が鎮圧されると、戦国時代の余風は終焉し、徳川家康が平和の将来者として東照神君として崇められる時代の幕開けとなる。大名が割拠して、殺戮を繰り返した戦国時代が終わり、国内戦争が無くなった。

中江藤樹はこの一大転換期に生きた。状況の一大変化が、もろに思索する人々の世界にも及び、考え方の変化を促した。それを象徴する一人が中江藤樹である。

徳川時代の政体の特色は、徳川幕府と諸大名の連合政権ということである。この政体は明治維新（革命）を経て、一君万民（天皇お一人が主権者で、国民はその臣下）という立憲君主政体が誕生するまで継続することになる。

中江藤樹が、改めて、いかに生きるかに懊悩したのは、殺戮の時代から共生の時代へと一大転換した、この時期に生を享けたからである。

殺戮が日常化している戦国時代であれば、生きている今に生きのびることを模索するか（禅宗）、あるいは死後の世界に安心を求めるか（浄土宗）。殺戮が続くのであれば、悲惨ながらも旧習のままに埋没して、禅宗か浄土宗が示す生き方考え方の世界で生涯を送ることになる。

幸いにして中江藤樹は新たな生き方を選択することを許される時代状況の中で生きることができた。中江藤樹の祖父は武士であった。父は武士を棄てて農民になった。祖父は孫の藤樹を養子にして家を嗣がせる。妹一人を親元の近江の小川村に遺して、祖父に従って米子に移住する。

主君の加藤侯が伊豫の大洲に配置換えになると、祖父に従って藤樹も大洲に移住した。中江藤樹九歳のときである。大洲に移住するまでが幼少年期といえる。この時期については詳しいことは分からない。中江藤樹は大洲藩に仕えながら、二十七歳まで滞在する。大洲時代である。二十七歳のときに脱藩して、故郷の小川村に帰り四十一歳で逝去する。小川村時代である。

中江藤樹の生涯は、生活環境の上からは三期に区分できる。第二期の大洲時代は儒学理解に努めた心学思想の形成期である。第三期は中江藤樹の心学が熟成し、多くの門人に恵まれた時期でもある。

小川村時代は足かけ十五年である。中江藤樹の心学思想が豊さを得た第三期こそが、中江藤樹の本領が発揮された時期である。

それぞれの時期に、中江藤樹の人柄と思想を如実に物語る挿話があるが、本稿は会津・喜多方の人々が学んだ藤樹心学を紹介することを主題とするので、幼年期の原体験とか、形成期の経緯については、深入りしない。専ら第三期に焦点を当てて論述することにする。会津・喜多方の人々が学んだのは、第三期に熟成された心学であるからである。

以下中江藤樹が生きた時代状況、さらに中江藤樹が最初に学んだ朱子の心学、つぎに中江藤樹が大きく啓発された王陽明の心学の仕組みを述べて、その上で中江藤樹の第三期の心学の仕組みの特色を述べることにしたい。

それを踏まえて、会津・喜多方の人々が中江藤樹の心学をどのように学んだのかを簡単に述べることにしたい。

そして最後に、朱子・王陽明・中江藤樹と発展的に継承された心学思想が、現代に生きる我々に何を示唆するのか、言い換えるならば、今日的価値が有るのか否かを述べることにしたい。

一　中江藤樹が生きた時代

中江藤樹が生きた一七世紀前半の政治環境については、簡単に言及したが、この時代に、東アジア漢字文化圏に於ける日本の文化的立ち位置についても、簡単に言及しておきたい。
日本は歴史時代に入るその当初から、漢字文化圏のなかで出発した。中国文化の圧倒的な恩恵のなかで日本文化は進展したことを、先ずは確認しておきたい。中江藤樹にとってもそれは少しも変わらない。ただし、恩恵の受け方が一六世紀以前と一七世紀とでは、大きく異なることを確認しておきたい。

その原因をあげると、一つ目は国際環境の変化、二つ目は日本国内の変化である。この二つの変化が、日本が漢字文化を受容するときのそのあり方を、それまでとは異なるものにした。

国際環境の変化をもたらしたのは、いわゆる大航海時代の衝撃である。

一五世紀に世界の海を一気に航海する試みが生まれて、ひとまずの成功を収めた。それが一六世紀になると、東アジアにも波及し、一七世紀にはそれが恒常化した。それまでは、日本は東アジア漢字文化圏の海域、つまりは東シナ海を航海して、支那・朝鮮と交流するばかりであった。
しかし、一六世紀になると、ポルトガル・スペイン・オランダなどが東アジア海域にまで航海するようになり、一七世紀には東アジア海域も大航海する帆船が頻繁に往来するようになる。大航海時代の出現である。

中国大陸との直接の交流、あるいは朝鮮半島を経由して、先進文化であった漢字文化を受容して、それを滋養として活用してきたから、漢字文化を尊崇する気風はとりわけ強かったが、そこに風穴が開けられ、西学が将来されることになった。

この変化は大きいが、西学が外来文化として本格的に受容されるのは、明治時代以後のことである。中江藤樹が生きた一七世紀前半は、鎖国政策がとられたこともあって、日本が吸収した異国文化の首座は中国のそれであった。輸入先は変わらなかった。

しかし、文化交流の際に、書籍・書画などの文物が大量に渡来し、もたらされた学術文化の情報量は飛躍的に増大し、その恩恵を存分に享受した。

中国の明時代後半から清朝初期にかけて、いいかえれば一六・一七世紀には、民間企業による木版印刷が未曾有の盛況をみたので、その書籍という商品を輸入して大きな刺激を受けた。

それが刺激となって、日本が木版印刷の時代に入るのが、中江藤樹が生きた一七世紀前半である。写本の時代から印刷の時代に転換したのである。

日本の国内の変化とは、諸国が割拠する時代が終焉し、幕藩体制という統一組織が実現したことである。各藩の独立性は半ば維持されながら、各藩を監督支配する幕府が、諸藩を一元的に統制するという二重構造の政治秩序である。

この幕藩体制は対外関係を一元的に取り仕切るという変革をもたらした。ポルトガル・オランダ・中国との外交関係は幕府が直接に取り組み、朝鮮との外交関係は対馬の宗藩が、琉球との外交関係は薩摩藩が行うが、最終的には幕府が一元的に実施する。

その結果、日本が一つの商圏として機能し、日明貿易は通年化した。鎖国政策が実施されて、寄港地が長崎の出島に限定された後に及んでも、貿易量の増加は変わらない。一六四四年に中国の政権が明朝から清朝に交替しても、中国からの文物の流入はむしろ頻繁になった。朝鮮半島を経由する、いわゆる「朝鮮渡り」が日本の学術文芸界に与えた影響は未曾有のものがあった。つまりは中国の学術情報が飛躍的に流入したのである。

中江藤樹が中国渡来の心学を受容し、それを咀嚼して独自の心学思想を熟成させることができたのは、この文化環境が変化したその恩恵である。

日本では一七世紀に木版印刷が商業として実現したことについて附言しておきたい。

中国では木版印刷が商業として成立したのは一一世紀である。画期的なことであった。写本の時代には一部ずつ書写する。手書きであるから誤写は避けられない。勢い流通量は制限される。それが印刷の時代になると、情報の保存・精密度が高まり、その流通量が増し、流通範囲も広くなった。

中国文化史においては、文字の発明、紙の制作に次ぐ、第三次の情報革命である。日本が木版印刷の時代に突入したのは、中国に遅れること五百年の一七世紀であった。

中江藤樹が中国渡来の、あるいは朝鮮渡りの漢籍を読みこんで、朱子学・陽明学を吸収できたのは、同時代の中国で木版印刷が盛況であった、その余慶である。

そして日本においても木版印刷が普及して、儒学書、とりわけ朱子学・陽明学の関係書が和刻本として出版されるのは、一七世紀半ばころから顕著となる。中江藤樹の晩年に当たる。中江藤樹の著書も生前に和刻本として刊行された。中江藤樹が晩年を過ごした近江の小川村は、学芸の中心地であった京都に近い。当時としては最新の文運の恩恵を受けることができたのである。

とはいえ、木版印刷の時代になっても、商業利益に乗らないものは、書写の形をとる。また思索・思案のときには、その内容を当人が記録する。その内容が熟成すると木版印刷が試みられるが、印刷経費・購読範囲の関係で木版印刷にならないことになる。その場合には写本のままで保存・流通する。むしろこの方が圧倒的に多かった。

中江藤樹の場合にも、江戸時代に木版印刷されたのは、『翁草』と『鑑草』のみである。昭和十年代に岩波書店から刊行された『藤樹先生全集』は、自筆稿本・写本を博捜して実現したものである。

会津・喜多方の門人群像が中江藤樹の心学を講学したその成果は、すべて写本で伝習された。門人たちの熱意が、藤樹一門の心学遺産をほぼ網羅する成果を実現したのである。その文化史における功績は極めて大きいと云わねばばらない。小山國三氏の大きな働きによって、いまは『中江藤樹心学派全集』（小山國三・吉田公平共編。研文出版）として、万人が閲読できるようになった。最近の情報伝達手段の著しい進歩は第四次革命ともいえる。

二　中江藤樹が学んだ朱子学・陽明学

中江藤樹は中国から渡来した儒学思想を学んだ。儒学思想の特色は平和主義である。このことを別の言葉では徳治主義、あるいは王道政治という。為政者がその人徳を資源にして被治者を統治することを眼目とする。

反対概念は法治主義、強権支配である。別の言葉では覇道政治という。この王道・覇道の分別は孟子に由来する。孟子が徳治主義・王道政治がもっとも優れた政治手法であることを述べた際に、それが何故に可能なのか、その根拠として述べたのが、人間の本性は善であるという性善説である。

しかし、性善説を主張した孟子の思想は、実は儒学界では長いこと忘れられていた。

北宋の時代に程明道（一〇三二～一〇八五）・程伊川（一〇三三～一一〇七）兄弟が登場して、再評価の気運が一気に高まり、南宋の朱子（一一三〇～一二〇〇）が孟子再評価の路線を継承して、孟子を孔子の正統な後継者として位置づけた。

この後の儒学思想史は孟子の性善説をいかに豊かに構築するかが主題として論議された。

儒学の正統な継承者の系譜を道統という。堯舜禹湯・文武周公の時代が政治も宗旨も実現されていた黄金時代。孔子・曾子・子思・孟子の時代が、宗旨は明らかであったが政治の現場では王道政治が実施されていなかった白銀の時代。孟子以後は宗旨も失われて、道統が絶えて、仏教・道教が覇権を握った暗黒の時代。宋代に勃興した新儒教徒たちが提案した没落史観である。

儒教は異教異端の蔭に埋没していたが、儒教の宗旨を伝える文献は伝承されていた。遺文のなかに儒教の宗旨を見出して、再興する契機を起こしたのが、先に紹介した程明道・程伊川の兄弟である、と朱子は位置づけて、道統史観を提示した。ここに道統が再建されたのである。再建された儒学思想は、その最大の功労者の名前に基づいて朱子学という。

この朱子学は、モンゴル王朝である元の時代に科挙の正統教学となり、漢民族が政権を回復した明王朝の時代になると、科挙の正統教学という位置づけが一層強化された。正統教学となった朱子学を、原朱子学と区別して、便宜的に朱子後学という。

科挙の正統教学となった朱子学は、解釈が固定化されてしまい、学ぶ者が自前で考えることを怠るようになり、立身出世の手段として学ばれるばかりであった。朱子がもっとも警告した「俗学」に陥ってしまったのである。

朱子後学が吹き荒れる嵐のなかで、朱子学の原意を探ろうとしながらも、深刻な挫折を体験して、結果的に朱子後学の呪縛から解放される道を見出し、独立宣言をしたのが王陽明である。

王陽明（一四七二―一五二八）も孟子の性善説を信奉した。王陽明は朱子に反逆したのではない。朱子の言説には果敢に批判を展開させているものの、見失われた朱子の原意を再建することを眼目とした。その意味では王陽明は朱子の忠臣であった。

孟子の立論に立脚して、朱子その人の孟子理解を鋭く批判したのは、同時代人であった陸象山（一一三九～一一九二）である。王陽明は陸象山の後継者と目されることが多く、そのために陸王学と並び称されることがある。

王陽明が登場した後には、儒学思想界がこぞって、いったい朱子と王陽明のいずれが正しい理解なのか、換言すれば、性善説の理解をめぐり、その是非をめぐって激しい論争が展開された。その最高潮が一六世紀後半から一七世紀前半である。その論争の遺産が同時代の日本に大量に流入した。そのようななかで中江藤樹は朱子学・陽明学を学んだのである。

中江藤樹は、心学思想を受容していかに熟成させたのか。このことについて論を進める前に、中江藤樹が心学に開眼する契機になった朱子学・陽明学の心学理論を、その心性論に焦点をあてて述べることにしたい。

心学という語彙は唐時代以前にすでに用いられている。戒・定・慧の三学のうち、定＝心三昧の境界をいう。それを宗旨を示す鍵概念として用い始めたのは、唐代の禅学徒である。

その心学を儒学徒が借用し始めたのは、朱子の学統につらなる真西山（一一七八～一二三五）あたりである。この後、朱子学こそが真の心学であると、力説した朱子学者がいた。

それは王陽明が『陸象山文集』に序文を寄せて、陸象山の儒学思想こそが「聖人の学は心学なり」

と宣言して、激賞したことに対する反動である。朱子と陸象山は生前に心学の理解をめぐって激しく論争した。

元王朝の末期に、朱子学は科挙の正統教学に指定された。明王朝になると、三大全（『四書大全』『五経大全』『性理大全』）が政府の責任のもとで編集されて、これが欽定教学として位置づけられ、科挙の受験生は、この三大全の解釈に従うことが強制された。

学ぶ者は、矮小化された教学のなかに拘束されてしまい、心学の主題である「如何に生きるか」が忘れられ、心学の本領を引き受ける気風が減殺されてしまった。これが朱子後学の実態である。

勢い単に科挙の試験に合格するために、知識として学ぶということになるものの、合格して立身出世の道筋を得てしまえば、改めて朱子の原意を探求する志は生まれない。このような学びを朱子自身は既に「俗学」と呼称して唾棄していたことは先に述べたとおりである。

この「俗学」の風潮のなかでも、「真の心学」を模索する士大夫がいる。陳白沙（一四二八〜一五〇〇）が先駆けであるが、何といってもその代表者は王陽明である。

王陽明は朱子学を知識として学んだのではない。生き方＝道として朱子の教えのままに生きようと実践して挫折した。王陽明は何故に挫折したのか。その仕組みを解き明かしたい。

儒教思想の構造は修己（己を修める）と治人（人を治める）という二つを焦点とする、いわば楕円形の仕組みである。

己を修めるとは、一人の人間として「どのように生きるか」を追求すること。

治人とは他者を治めること。家族・社会・国家の平安を実現するために、社会の一員として責任を果たす努力をすることである。

孟子の立言に沿えば、王道政治論は治人論に、性善説は修己論に相当する。儒教思想が政治に深く関与することを不可欠とするのは、この治人を焦点の一つとして持ちあわせているからである。

老荘・道教思想や仏教思想は政治性・治人に関心が薄い。政治性という点では儒教とは著しく異なる。逆に儒教徒は老荘・道教や仏教の教えでは天下国家を治めることはできない、その限りでこそ異端の教えであると強く非難した。

儒・仏・道の三教はそれぞれが「我こそは真の心学である」と主張する。

道教は元気（生命力）論を基礎にして、仏教は仏性論を根底にして、ともに各自の本来性論に立脚して、自力で本来性を実現発揮して、安心の境地が得られるという、独自の心学論を展開した。儒教徒とは異なる修己論である。

道教・仏教の二教は、政治論が欠如すると見なされて、異端（間違った教え）であると非難されたが、修己論を述べているという点では、各自の修己論に厳然たる違いがあるものの、相互に浸透し合う微妙な関係にある。それぞれが自らの道（生き方考え方）を真の心学であると喧伝しえた所以である。

とはいえ、その心学論の基礎が異なる。仏教心学は、万人仏性論を立論の基礎にする。道教心学は、万人元気論を立論の基礎にする。儒教（朱子学以後の）心学は、万人性善説を基礎にする。仏性といい、元気といい、善性といい、生来から固有の本性と見なす点では共通する。

儒教心学に即していえば、善なる本性を本来的に生得のものとして固有するのだから、現実態が悪魔の姿に堕落していても、本来は善性を持ちあわせていることを覚悟して、その善なる本性を実現発揮して回復すれば、身にまといついている悪の世界から解放されて、安心を得て救われる、という。儒教徒の心学理論の骨子である。

この心学は、自分で己の本性が善であることを覚醒して（このことを悟りという）、他者に頼らずに自力で本性の回復を目指すのである。自力による自己救済である。

この点は、他力救済論と著しく異なる。他力救済論といえば、浄土真宗の親鸞聖人が唱えた絶対他力救済論が思い起こされる。しかし、中国の浄土宗には絶対他力救済論はない。むしろ禅浄一致論が一般である。悟るのは自力だが救済するのは他力である。

明代中期に、王陽明が登場して、善なる本性を良知と読み替えて、良知心学を提唱した。すると、良知心学が宗教思想界を席巻して、心学運動が活況を呈する。

その真っただ中にマテオリッチ（一五二八〜一六一〇）を首魁とするイエズス会士が一五八二年に中国にやってきた。彼らは自力救済論を説く心学を批判して、人間は自力で自己を救済できるほどに強くは作られていないと批判する。

それは、身にまとう人間悪は、人間が神に作られた、その直後に身に付けた「原罪」であり、自力で克服できるものではない、と断案した。天主は万物を創造し、その所業を審判し、救済する。

被造物を超越する絶対神こそが救済できるということを要諦とする「学び」を神学という。神学と心学、同音で紛らわしいが、他力と自力の違いは歴然としている。

朱子学も陽明学も自力による自己救済論である。神学は救済を神に祈願する「祈り」の宗教である。心学は善なる本性が本来完全であることを覚醒する「悟り」の宗教である。

悟りの宗教は禅宗ばかりではない。儒教心学も悟りの宗教である。その悟ることを追求する功夫を、禅心学では坐禅といい、儒教心学では静坐という。坐禅といい、静坐というも、ともに独りで仏性なり善性なりを本来的に完全に持ち合わせていることを、他者の助力を借りずに、悟ることを目指した功夫である。


以上が、朱子学・陽明学の心学理論の骨子である。儒教心学は性善説を大前提にして立論されているので、振り出しに戻って、人間の本性が果たして善であるか否かという議論を展開することはない。ただし、自らの心学理論が真理であることを主張する際に、とことん経書解釈という形をとって主張された。そのために、彼らの経書解釈にみられる字句の異同に目を奪われると、本旨を見失う恐れがある。朱子学・陽明学の真骨頂を見極めることが困難な所以である。

語録の類は本旨が直裁に吐露されることがあるが、その場合でも経書解釈という形をとるのが通例である。「述べて作らず、信じて古へを行う」と述べているのは『論語』であるが、経書の文言にこと寄せて自らの心学を表出するのが、正当な表現様式であったから、伝統的な様式を継承したまでである。儒教の特色の一つである。

自力・他力論に関して、その特色を鮮明にするために、話をよそ道に誘って、論を進めることにしたい。

他力論では、人間の存在とは次元を異にする、超越的救済者が存在することが大前提になる。しかし、この救済する神は形而上的存在であるから、その実在を感覚的に認識することはできない。もし感覚的に認識できるのであれば、それは偶像に過ぎない。

偶像は姿形があるから、確かに感覚的に認識できるものの、それは特定の空間に姿形を示現する個別者であり、普遍者ではない。ましてや偶像は救済者ではない。

感覚では把握できない超越的救済者を、確かに実在することを、自力では確認することはできない。それではどのようにして確認するのか。救済する神が救済を祈願する信者の前に姿を現すのである。それを象徴する物語がフランスなどにおける聖地巡礼である。聖地とは、かつて神が姿を現したパワーポイントである。神の示現を奇蹟という。神の一方的な恩寵である。

また、高橋たか子はカソリック信仰を題材にした小説を数多く著しているが、それは概ね神の実在を確認する契機を象徴的に示す物語である。

新渡戸稲造はクエーカーとしての敬虔なキリスト教信者であった。クエーカーには信仰を導く指導者はいない。皆が集まって祈りを捧げている最中、誰かが、神が私に臨在していると感じたときに身体が震える。クエークする。神が私に臨在したという恩寵にめぐまれたことを同信者に告白する。神が臨在した場所は聖地とされて、巡礼者が訪れることになる。

儒教徒が時に天に言及することがあるが、天は最高神ではあるが、唯一神ではないし、救済する神でもない。

朱子学・陽明学の二学派に代表される新儒教は、孟子の性善説を人間の本性論に位置づけ、本性が善であることを『中庸』第一章の「天命之謂性」（天の命ずるを之れ性と謂う）に基づいて、万人の誰もが善なる本性を天から命令として賦与されているという。つまりは性善説が普遍的真理であることを根拠づけたのである。

朱子が『中庸』を子思の著作と見なして、四書に組み入れた理由の一つは、この天命説を性善説の根拠にしたかったからである。

万人の本性が善であることが根拠づけられたわけだが、この本性はあくまでも本来は善であることを云うだけであり、万人の現実態がまるごと善であることを証明しているわけではない。

一人ひとりの現実態は、私利私欲とか身体的要因によって千差万別であり、本来性が欠如した状態である。このことを王陽明の高弟であった王龍渓は「欠陥世界」と述べている。

自己の現実態が、本来態の不足欠陥した状態であることをなぜ自覚できるのか。それは完全態に照すからである。見えた欠陥世界を本性に導かれて、充足しようとする。

心外から補充して充足させるのではなくして、本来性の自己実現を遮っていた非本来的なものを排除して、本来性の実現発揮を目論むのである。あくまでも自力による自己実現である。

現実態の欠陥不足に覚醒するためには、本性の本来完全性を把握しなければならない。しかし、本性は目に見えない超感覚的なものである。

そのことを新儒教では「未発の本体」(まだ発動していない本体)という。われわれが日常生活のなかで現わしていることを「已発の作用」(すでに発動している作用)という。「已発の作用」はわれわれが感知できる。

「本体・作用論」は仏教から借用した論法であるが、「未発・已発」は『中庸』の立論を活用して組み立てた論法である。『中庸』が四書に組み込まれた、もう一つの理由である。

この「未発の本体」を大悟することが、儒教心学の鍵となる。朱子と王陽明とでは、大悟に導く道筋は異なるものの、ともに「未発の本体」を大悟することをとりわけ重視する。「未発の本体」が自力救済を根拠づける儒教心学の熱源だからである。

朱子後学が説く功夫論に挫折した王陽明は、配所の龍場で「わが性自ずから足れり」と大悟した。この大悟こそが「未発の本体」＝「本性」が、生得のままで充足していることに覚醒したことをいう。

ニーチェは「神は死んだ」といった。この提言は、キリスト教世界にとっては許し難い暴言である。なぜなら。被造物が存在する根拠を失うからである。すべてが無意味な存在になり果てる。究極のペシミズムである。

もし命令者である天、換言すれば天下を主宰する「天が死んだ」のであれば、新儒教の心学理論、心性論は形而上学的根拠を失うことになる。

天主とは、司馬遷の『史記』封禅書の八主のうちの最高神である。つまりは唯一神ではない。この点では、一神教であるキリスト教が説く神とは大きく異なる。

中国の経書である『詩経』『春秋』などでは、主宰者としての天を上帝ともいう。中国にキリスト教を布教するためにやってきたマテオ・リッチたちは、この上帝を天主＝デウスと同義と位置づけて、中国古代の天主信仰を媒介にして、布教効果をあげた。

サルトルは人間には本性はないという。キリスト教では被造物のなかで、人間のみが本性として理性を賦与されたという。神がすでに死んだのであれば、神による存在根拠はもはや無い。人間は本性無しのままに存在せざるを得ない。

新儒教の心学で述べる「本性＝未発の本体」は形而上のものであるから、それをわれわれが固有していることを科学的に証明することはできない。神の存在を科学的に証明できないことと同案である。

科学的に証明できない、あるいは感覚的に把握できないことを教義の第一義に置く考え方を宗教と定義する。宗教をこのように定義すると、性善説を教義の根幹に置く新儒教もまた紛れもなく宗教の一つである。ただし、救済する神が存在しない、自力主義の宗教である。仏性の固有を大前提とする禅宗もまた自力主義の宗教思想である。

ともに自力主義ながらも、新儒教と禅宗との違いは、新儒教は治人（政治に関与して社会的責任を果たすこと）を、もう一つの焦点として持ちあわせていたことである。

学問としての宗教学は西欧で誕生したので、無意識のうちに救済する神は存在するということを大前提にしている。

しかし、釈迦仏教でも、新儒教でも、禅宗でも、救済する神はいない。それでもなお、やはり宗教思想であると述べたとき、高名な宗教学者はすぐさま神の存在を前提しないのであれば、それは宗教ではないと否定された。

宗教の定義はさまざまであろうが、新儒教も禅宗も宗教思想の一つであると認めた方が、理解しやすいと思う。そして、この神の存在を大前提にしない宗教思想は、他の宗教思想に対しては、一概に否定したりはせずに、おおむね寛容であることが特色の一つである。そのことを物語るのが、他の宗教との共存が見られることである。このことを混合信仰（シンクレテズム）ともいう。

心学の徒が三教調和論者の姿をとることは珍しくない。心学の徒であった中江藤樹が太乙神信仰を持ちあわせていたことは、その証例のひとつである。

ここまで論を進めてきたので、中江藤樹が学んだ新儒教の心学思想の来歴と特色を理解していただいたかと思う。


さて、中江藤樹は先に朱子学を学び、その後に王龍渓・王陽明の著書を読んで、王陽明の良知心学に親しみを覚えた。そのなかで思索を深めるものの、朱子学・陽明学に対する疑問を払拭できなかった。疑問を抱えたが故に、中江藤樹は独自の心学理論を構築しえたのである。

すでに朱子学・陽明学が共有する心学原論については述べたので、次には、朱子学と陽明学それぞれの心性論の特色を述べて、両者の違いを明らかにすることにする。そのあとで中江藤樹論に進むことにしたい。

三　朱子学の特色

朱子学の心性論の特色は、本性論としては孟子が創唱した性善説を採用して、荀子の性悪説、告子の性無善無不善説、楊雄の善悪混然説、韓愈の性三品説、禅宗の作用是性説をすべて異端であると排斥したところにある。

孟子の性善説を本性論として蘇えらせた最大の功労者は朱子である。しかし、朱子は本性は本来的には善ではあっても、人間の現実態は悪を示現させやすく、現実態は本性を容易に裏切る、弱い存在であることを深刻に肝に銘じた。人間一人ひとりの持ち合わせる弱さを自覚したところが朱子学の特徴である。

心（わたしという存在）は身体と一つである。このことを心身一如という。身体と不可分の心（わたしという存在）は、食欲や性欲という存在に直結する欲望とか、制御しきれない感覚器官という身体的要因、あるいは私利・私欲・名誉とかの世俗的欲望などの誘惑に翻弄されて、善なる本性を発揮しきれずに、他者とともに幸福に生きんとする責任を果たすことができないまま、本来の生き方を喪失しがちである。

いかにしたら、このように陥落することを回避することができるか。これが朱子の最も腐心したことである。朱子は次のように提案する。

ありのままのわたし（このことを「心」という）のままでは、適切に判断して、過つことなく実践できるか、となると覚束ない。生身の「心」は揺れ動くので、不確かさ・不安が付きまとう。この不確かさ・不安から解放されるためには、本来性そのものである「未発の本体」を明断に理解し、この「未発の本体」である本性の指示・支援のもとに「心」が発動作用することが肝腎であるという。

われわれは「いかに生きるか」。そのためには、先ずは「あるべき生き方をいかに理解するか」に取り組むことが肝腎である。この生き方考え方を「道」といい、あるいは「道理」ともいう。または「理」といい、「天理」ともいう。

この理を理解し実践するのは、「未発の本体」である本性、つまり性である。このことを「性即理」といった。本性が真理を創造するというほどの意味である。

しかし、この本性はあくまでも未発の本体であり、実際に発動作用する主体は心である。その際、心はあくまでもこの性の指示・支援のもとに発動作用する。この発動作用する心は、何の準備もしないままに、無意識のうちに本性の指示・支援を受けるのではない。

そうではなくして、本性が指示・支援する内容である理を先ずは理解しなければならない。そのうえで、心は把握した理を具体的に発動実践するのである。このことを「知先行後」と表現した。

心は実践するに先立って、「理」つまりは「如何に実践するのが適切か」を理解して、それを規矩準縄として実行することにより、誤った行いをしてしまうことより免れようとした。人間の弱さに配慮した用意周到さが見てとれる。

朱子が自らの心性論、いわゆる朱子心学の理論を経書に基づいて論述するために、新たに設定したのが『四書』である。孔子の『論語』、曾子の『大学』、子思の『中庸』、孟子の『孟子』である。堯舜禹湯・文武周公が実現してきた道の教えの伝統を孔子が継承し、それが曾子・子思・孟子に伝承されたという、その伝承の内実を示すのが四書ということになる。

朱子自らが論理構成を裏付ける経書として四書を構想したのである。朱子の独創である。それだけに、朱子はこの『四書』に込められている道学の真意を明らかにするために、この四書に註釈を施すことに畢生の熱量を傾注した。その成果が『四書章句集注』である。

心学理論の中核は修己論と治人論の二つである。その根底に『孟子』の性善説がある。修己論と治人論を併存させて、緊密な仕組みで、簡明に説いているのが『大学』である。

『大学』の仕組みとは、三綱領（明明徳・新民〔親民〕・止至善）・八条目（格物・致知・誠意・正心・修身・斉家・治国・平天下）という結構である。

そして性善説の普遍的根拠を示し、本性（本体）を未発、その働き（作用）を已発と開示していたのが『中庸』である。

『論語』は孔子の言行録の故に、四書の第一に位置づけられた。ただし『論語』には、性善説も、天命説も、未発已発説も、三綱領・八条目も説かれていない。しかし、開祖の孔子が不全であるはずがない。表現は簡易ながらも自力心学の要素は、すでに余すところなく言い尽くされているという立場にたって、朱子は『論語集注』を仕上げた。苦心の作である。

この『四書』の仕組みは秀逸である。その立論構成の見事さが、後世永く読み継がれることになった素因である。

中江藤樹が『大学解』『中庸解』を書き残しているのは、単に知的好奇心から書き残しているのではなくして、朱子が四書に註解した顰みに倣って、自らも独自に四書の理解を試みて、生き方考え方を確認したかったからである。

さて、朱子の格物致知論に話を戻すことにする。

朱子の云う「物」とは、①対象として客観的に存在する「物」という意味と、②実践者が立ち向かう「他者との関係」という意味の二通りがある。

①の側面については、『朱子の自然学』（山田慶児。岩波書店）として、科学史研究者によって高く評価されている。しかし、この①の側面は新儒教徒の間ではさしたる議論は展開されていない。生き方考え方に直結しないからである。圧倒的に議論が沸騰したのは、②の側面であった。

他者との関係はいかにあるべきなのか、それを自らが現場で実践するという緊張感のもとに、先ずは知識としてきちんと理解すること。この理解を踏まえて、修身・斉家・治国・平天下の実践をする。

この基礎理解をしない、あるいは不十分なままに、実践に取りかかると、過ちを犯すことになる。

すでに実践の段階に及んで過ちを犯すということは、もはや単なる知識の問題ではなくして、実践する主人公としてのわたしが、本来性を発揮する仕方を間違えて、存在として不善を顕現する結果をもたらすことになる。

自らが安心を得られないばかりでなくして、他者に対しても不幸をもたらす所業に終わったかもしれない。実存者としては不条理を結果することになり、止めどない不安に襲われる。つまりは、格物致知は功夫の第一歩として極めて重要なのである。

ましてや、主人公である「心」（わたし）は揺れやすい。『孟子』がいう「不動心」を確保するためには、善なる本性を賦与した「天」との緊張感を保持することが肝要とされる。

その功夫を「持敬」とも「居敬」ともいう。この「持敬」と「格物」が努力論の両輪両翼であると強調されるのである。

朱子のこの努力論（功夫論）は、われわれの日常生活における実践の有り様に照らしてみるとき、確かにそうだなと思わせるところがある。朱子学の強みはこの親近性にある。

しかし、知識は所詮知識でしかない。日常生活の現場で「いかに生きるか」の案内ではあるが、「このように生きる」そのものではない。先ずはしっかりと理解して、それに基づいて実践する。いわゆる知先行後説が説かれる所以である。

そして「生きる」現場は、『大学』の八条目で云えば、誠意・正心・修身・斉家・治国・平天下である。格物・致知の二条は、修己論の準備作業であり、誠意と正心こそが修己論の本場である。

八条目の前の四条（格物・致知・誠意・正心）が修身する準備である。後の四条（修身・斉家・治国・平天下）が具体的な実践ということになる。

朱子の努力論（功夫論）では、順序階梯を踏むことを格別に重視した。所定の段階を飛び越えて工夫することは、誤謬を招きかねない。躐等《りょうとう》（順序を飛び越える。『礼記』学記篇の語）であると、厳に戒められた。

なぜなら、一段一段と確認しながら次の段階に進むのであれば、ある段階で起こる誤差を微調整できるかも知れないが、飛び越えてしまうと、微調整では許されない誤差を生む可能性がある。このことを「毫釐の差、千里の謬」という。躐等を戒める際に警告される常套文句である。

現場における実践の初めの一歩は誠意である。この誠意を飛び越えて、すぐさま正心（心を正す）・修身（身を修める）ということをしてはいけない。また修身を抜きにして斉家（家を斉《ととの》える）に踏み込むのもいけない。誠意の次は修身である。身を修めるとは「家を斉える」主体を確立することだからである。功夫論の第一歩である「意を誠にする」成果をあげることが、現場における善悪の関門ということになる。つまりは誠意の功夫こそが鍵であると考えた。

この誠意の意とは、本来完全である未発本体が発動した已発作用である。

未発本体が已発作用に順調に展開するための準備が、格物致知と持敬（居敬）の両輪両翼であった。

この両輪両翼は、現場で実践するのに先立つ功夫である。

この準備をすれば誠意の成果は得られるか。準備は所詮準備にしか過ぎない。準備の想定を超えた事態に直面したときには、当てがはずれることになる。

朱子はその的中率は七八割だという。すると、常に準備不足が予想されることになる。それを承知しながらも、この両輪両翼を前提にしてこそ、誠意の確度が高まることを、誠意の註釈で示さなければならない。

この隘路を打開するために、朱子は『大学』誠意章の註釈に渾身の熱量を注いだ。逝去する三日前に至るまで腐心していたという。それは朱子の立論構成が強いたのである。

誠意の功夫が第一と明言されながらも、あくまで功夫論としては、格物致知と持敬（居敬）が、朱子学の実践論の中核ということになる。とりわけ格物致知、つまりはその実践倫理の仕組みを知識として把握することが喫緊のこととなる。

その具体的な営みは読書窮理ともいわれる。それも孔子が促した実践の原理をしっかりと把握すること。『四書章句集注』を会得すること。それを理解する補助教材である『近思録』を併読すること。そして、ここに示されている実践論は、普遍的真理（定法・格法）であることが強調された。その際、毫釐の誤差が千里の誤謬を招く恐れがあるので、持敬の心配りを怠ることなく、慎重に遂行されることが課せられた。

朱子のこの努力論（功夫論）が知先行後と標語されたことを改めて考えて見たい。

知識と実践とは同じではない、ということは、確かに分りやすい。それを前後に分けることも、同じく分りやすい。「分りやすい」ということが、朱子学の強みである。

一見この「分りやすい」心性論ながら、それに基づいて実際に実践するのは容易ではない。「簡易」とは理解しやすく、実行しやすいことを示す標語であるが（『易経』の易簡に基づく）、論理が簡易であることが、容易・安易に実践できることを意味しない。

それではどうするか。本来性を実現できたと安易に決め込むのは傲慢である。と同時に、本来性の実現を放棄する（「聖人学んで至るべし」という志を喪失する）ことは、非本来態である現状に埋没することになる。

この両者の境地に陥落することなく、聖人（本来性の体現者）を目指しながら（立志）、今はまだ到達していない、その途上にある立ち位置にあることを引き受けることである。中間者意識を保持することが肝要となる。

この中間者という立ち位置にあることが肝要であるという立論も分かりやすい。われわれが日常的に経験することだからである。

志を立てて努力するということは、いかにも中間者意識の保持者である。この中間者意識を常に保持するということも、簡易明瞭ではあるが、実践するとなると容易ではない。目標を見失い、くじけてしまいそうである。

朱子学のこの「分かりやすさ」がもたらす陥穽を指摘したのが、王陽明である。

つぎに王陽明の心性論について論を進めることにしたい。

四　王陽明の心学

王陽明の心学理論の鍵概念は、心即理、知行合一、致良知、無善無悪、事上磨練などである。これらの鍵概念を朱子学と比較しながら、その特色を述べることにする。

王陽明の心性論の根幹は、人間の本性は善であるという性善説にある。朱子学と共通する。しかし、朱子は、本性（性）と心をひとまず分けて、心は性の統御下にあってこそ、理（真理・天理・定理）を認識し、その理を実践できると決め込み、そのことを「性即理」と述べた。この場合、理は発見創造するというよりは、むしろ理念型としての聖人が発見創造して、すでに準備されているという意味合いが強い。その聖人の典型が孔子である。

聖人孔子の遺言行状を理解して、それを規矩準縄とみなし、それに準拠して実践することが順当であるという。生身の心そのものは不安定さを持ちあわせる、という、人間の弱さを考慮した結果である。

これに対して王陽明は、現存するわれわれ（心）が、ありのままで善なる本性を内在しているのであるから、現存するわれわれ自身（心）が理を発見し、創造し、実践するという。このことを「心即理」と標語する。

本性は心を統御する主宰者ではない。そうではなくして、心そのものが固有する発見創造力をいう。生身の人間が背理の可能性に満ちていることは事実である。しかし、王陽明は弱さを隠れ蓑にして、性善説が持つ創造力を減殺することはしなかった。

「心即理」とは、王陽明の心学の原論である。性善説の原理主義とでもいえよう。

王陽明は複雑な家庭に育ち、紆余曲折に富む青春時代を送り、政界で苦渋を嘗めた。だから、脳天気に性善説を説き続けたのではない。

王陽明は、何を根拠に「心即理」と主張したのか。実は心即理説が正しいという客観的根拠などはない。根拠の有無が問題なのではない。王陽明には心即理を説かざるをえない理由があった。

王陽明は、青春時代に、朱子が提案する生き方考え方（格物致知論）にひとまず従って、実際に実践してみた。生きる前に生き方を理解する方法としての知的探求である。本来は具体的な現場（他者関係）を想定して、いかに生きるか、考えるかの原理を把握するという意味であった。

王陽明の時代には、朱子学が科挙（高等文官試験）の指定教学になり、格物の物は自然物の如く理解する向きがあった。

王陽明は庭先に生えている竹を一物と捉えて、その竹の理（あるべきあり方）を会得しようとした。後に、朱子学者から朱子学の原意を捉え損ねたものと酷評された所以である。しかし、王陽明のこの

「格物」に対する理解は終生変わることはなかった。

この探究の仕方は興味深い。物を自然物として捉える「格物」論の考え方をとことん徹底したならば、あるいは自然科学の発見に道を開いたかもしれない。現今の物理学の語源は、朱子学の格物窮理である。しかし、王陽明の素意は自然科学の探求ではなかった。あくまでも「いかに生きるか」が主眼であった。現今の倫理学に当たる。

竹を見つめたところで会得できる訳がない。王陽明は遂に会得できずに病に倒れた。取り組む姿勢が的はずれであったから、会得できなかったのは当然である。そのことを直ぐには反省できなかった。王陽明は誤解した朱子学に挫折したのである。

この挫折体験をして、王陽明は、自分には人間らしく生きる聖人になる能力はないのだと総括した。その後はやけくそになり、いわゆる五溺（老荘・詞章・兵法・仏教・養生）に溺れることになる。

三十歳の折、儒学に回帰して、官界に出るも、宦官の劉瑾に逆らったがために、貴州省の龍場に流謫された。苦境のなか、生死を懸けて自己の存在根拠を探求した。わたしはそもそも人間らしく生きていく素地があるのか、と。棺槨《ひつぎ》のなかに坐して究明した。そしてある朝、「吾が性自ら足れり」と大悟した。光を見出したのである。三六歳のときである。

「吾が性自ら足れり」と大悟したことが、王陽明に生きていく元気（大いなる生きる力）を与えた。王陽明の思想の確信を解く鍵になる一句なので、丁寧に解説することにする。

吾が性の性とは本性のこと。『孟子』の性善説の性、『中庸』の天命の性のことである。わたしたちが生まれながらにして持ちあわせている本性、つまりは人間らしく生きる力のことである。

「自《おのずか》ら」とは、後天的に作為して初めて身に付くものではなくして、作為を施すことなく、あるがままに自然に身に付いていることをいう。

「足れり」とは、満ち足りていることをいう。人として生まれたとき、すでに生まれながらにして人間らしく生きる力を誰もが持ち合わせていることを、自らのこととして、王陽明はストンと会得したことを告白したのである。

本性が善であることを認めない立場もあり得るが、中国・近世の新儒教徒たちはおしなべて性善説を承認して、その生き方考え方の論理を構築していた。その論理を心性論という。

心とは生身の人間のこと。生身の人間が人間らしく生きる力＝本性を満足に（完全に）持ち合わせているので、どのような生き方考え方をするのかは、その心が決断する。このことを王陽明は「心即理」といったのである。この場合の「即」とは「＝《イコール》」の意味ではない。両者が緊密な関係にあることを表現する措辞である。

朱子学では「心即理」とはいわない。心はともすると道理を踏み外しやすいと危惧したからである。ありのままの心が、準備なしに無手勝流で、直ぐに判断して行動するのは危いので、先ずは本性に支えられた心が、あるべき生き方考え方を弁えてから（格物致知）、実践に取りかかるべきであるという。このことを「性即理」という。

王陽明も「性即理」という表現をするが、その場合でも、それは「心即理」を前提にした「性即理」説である。

「吾が性自ら足れり」と大悟した王陽明は、わたしでも、そして誰もが、このままで生きていける力があるのだと大悟した。ということは、大安心を得たことになる。

この大安心を得ることができたことを「天啓」とも表現している。大悟する力（善なる本性）を賦与してくれた天に対する感謝である。

本性を賦与された誕生時に、すでに救われていたわけである。だから、天の助力は頼まないで、自力で自己の本性を大悟し発現することに努めることが、人間としての責務であるということになる。

それでは、「心即理」説に基づいて、いかなる生き方考え方をしても、それが理（真理・道理）に叶うことになるのか。容易に起こる疑問であるが、王陽明は叶うという。

現実に存在するわたしたちのことを、中の二字をとって実存といい、そのような人間のあり方を強く主張した哲学を実存主義という。「心即理」説の信奉者たちは、両端の二字をとって「現在」という。「今、ここに居る」わたしに焦点を当てた人間理解であり、実践倫理学である。先ほどまでのわたしはもはや実在しないし、明日のわたしは未だ実在しない。過去や未来に凭《よ》りかかるのではなく、とことん「現在」に視点を据えて「生き方考え方」を見出していこうという考え方である。緊迫感の迫る存在理解である。

この「現在主義」がもろに表現されたのが「知行合一」説である。

朱子学では「知先行後」説が説かれた。先ずは格物致知の功夫をして理解を深め、次にその理解に基づいて実践すると。日常的に経験することに照し合わせてみると、実に分りやすい理論である。朱子学の強みである。

しかし、「現在主義」の立場に立てば、現存在は今の一瞬に実在するのだから、先後という分別はない。それにわたしたちの振る舞い・存在の有り様を知とか行とかに截然と分けられるものではない。「知行合一」とは、知と行を別々のものとして分けた上で、その後で一つにするという意味ではない。そうではなくして、そもそも知行は時間的にもあり方も分けられないのだということを主張した表現である。

この「知行合一」説はなかなか理解されなかった。王陽明の心学に好意的な人でも、朱子学の「知先行後」に慣れた人々からは、おしなべて酷評された。

その一因は「知行合一」という表現にある。いかにも誤解されやすい表現である。王陽明は知行並進と言い換えたりして苦心しているが、現在主義の核心がなかなか理解されなかったが故である。

この現在主義の核心をよく露呈している鍵概念を二つ説明しておきたい。一つは「渾然一体」、もう一つは「中間者意識」である。

先ずは「渾然一体」から。

渾然の渾は、渾沌の渾と同じ。渾然の反対語は分別・剖析である。「一体」とは、「渾然」と同義で、「分けられない」という意味である。これも「一つになる」という意味ではない。

確かに理解するためには、「剖析」することが肝腎であるとのべたのは朱子である。

それに対して、存在の有り様を細かに分別・剖析して理解したとしても、その理解を丸ごとの存在に還元してみると、一つひとつの理解の毫釐の誤差が丸ごとの理解に及ぶと、千里の誤謬を結果すると云って詰問したのは、陸象山であった。

王陽明はこの陸象山の剖析批判論に与する。現在する実存者を丸ごと渾然一体のままに受けとめて、生き方考え方を探求せよと。ホリステックに取り組めと。

この渾然一体論が発揮されるのは、『大学』の八条目の論理である。朱子学では、格物→致知→誠意→正心→修身→斉家→治国→平天下と、努力する展開を段階的に分けて、一つひとつの段階を踏んで努力して、次の段階に進むことが力説された。

段階を踏まないで、一足飛びに先に進むことは不躐等《ふりょうとう》（等を躐《ふ》まず。もと『礼記』学記篇の語）という。この段階論も分かりやすい。しかし、その分かりやすさは、八条目の段階論を静態的に知識として理解するという限りでの分かりやすさである。

現在主義をとり、渾然一体論を説く王陽明は、この段階論は実情に合わないという。現在として実存するわたしたちが八条目に取り組む場合、八条目の一つひとつをバラシテ（分けて）、次に八条目を実践する順序を按配するという発想を否定する。現在者は「この今に八条目に丸ごと関与している」というのが根本的姿勢である。段階論ではなくして、渾然一体論であるところに王陽明心学の一大特色がある。

混然一体論を理解することが王陽明心学を理解する鍵になるので、王陽明の八条目を丁寧に説明することにする。

眼前の他者との関係を正しくすること＝格物。その際には主体者である良知を発揮すること＝致知。正しくすることは意識の働きを本来性としての誠にすること＝誠意。その際には主体者である心がきちんと自立していること＝正心。主体者であるわたし（心）は身体としてのわたし（身＝社会人としての個人）を社会人として磨きあげること＝修身。社会の基礎単位は家族であるから、社会の一員として家族（血縁集団）が安寧に暮らせるように努力すること＝斉家。この家族は地域共同体（国家）の構成単位であり＝治国、この基礎単位は天下に直接しているから、そのままで天下を平和にする働きである＝平天下。現在者は現在のままに八条目まるごとに直に関与しているのである。同じ大きさの円が心＝良知を支点にして重層していると考えると理解しやすいかもしれない。

次に、もう一つの「中間者意識」論に論を進めることにしたい。

「中間者意識」とは、朱子学の実践論の特色を説明するために、便宜的に用いた説明概念である。朱子その人が「中間者意識」論を露わに説いているわけではない。

朱子は現存在者＝心（生身のわたしたち）は、本来的に本性を賦与されてはいるのだが、現実のわたしたちは身体的な制約や社会的誘惑のために、本来性（天から賦与されている、人間らしく生きる力）を発揮し切れずに、天理（あるべき生き方あり方）から逸脱しがちである。このことを深く考慮した。

本来的には本性は善なのだが、現実には悪魔的な姿を現しがちであると。身体としての生身にわたしたち人間が、不可避的に弱さを持ち合わせていることに留意したことは、朱子学の長所である。

身体を構成するのは木火土金水の五行（五元素）であるが、その五行を総称して「気」という。身体＝気の人格的主体のことを心といい、この心は性を賦与されている。

天から心に賦与された性が主導権を保持している限り、心は天理に叶う生き方考え方をする。このことを「性即理」と表現していたことは、先に述べたとおりである。

しかし、身体としての気は、生物学的元素であり、天命の性の受け皿である。この受け皿としての気は、五行＝五元素の組み合わせにより、個々人の現実態は多様性に富むことになる。この気が性・理よりも強いのが人間の実情だと、朱子は慨嘆している。それでも本来的には本性は善であるという性善説に対する信頼は微塵も揺るがない。その限りでは楽天的である。（楽天とは天を楽しむこと）

しかし、人間の現実態は本来性をすんなりと実現発揮できるとは考えていない。とことん希望を懐きながらも、その本性を実現するためには、覚悟を決めて絶え間ない努力をすることを必須のものとした。

朱子の最後の遺言は「堅固の功夫をせよ」という一言だった。朱子自身がそのように努力し、門人たちにもそのように努力することを課したのである。

それではどうするか。本来性を実現した模範である「聖人」（その典型は孔子）を目指して（このことを聖人を志すという）、努力して現実態に埋没することを回避すること。

言い換えるならば、向上心を放棄して現状に満足したりしないこと。と同時に、ゆめゆめ自分はすでに聖人を実現したなどと、傲慢の罪を犯さないこと。つまりは、埋没と傲慢の両者から自由な、その中間に自己の立ち位置を措定せよ、というのが「中間者意識」論である。

この論理も分かりやすい。ある目標を設定して、それを実現するために日夜努力することが大事であるということは、日常的に経験し観察することであり、この論理に異議を挟みにくい。

この「中間者意識」論も、朱子が時間の流れを過去現在未来に分けて、その緩やかな流れのなかに人間を位置付けて、実践倫理学、生き方考え方を考えた結果である。

「知先行後」論もこの時間の流れでの立論である。

しかし、この「中間者意識」論には、落とし穴がある。志を立てて現状から抜け出すことが「善く生きる」ためには不可欠であることは承認できる。しかし、傲慢の罪に陥ることを是非とも回避せよと。これもその限りでは納得する。

しかし、この論理を現在者に当てはめた場合、「中間者意識」を堅持する限り、現実的にはこの「中間者」は、遂に「中途者」の位相に止まることを余儀なくされよう。

見果てぬ夢を追い続けることの困難さに、人は耐えられるか。天を信じて（このことを持敬・居敬という）耐えよと朱子は云う。

王陽明が朱子の世界に安心できなかった根源的理由はここにあった。　それでは、王陽明はどのように発想を転換して、大安心の世界を見出したのか。

今という一瞬に焦点を当てて、存在を考える現在主義。この現在者が善なる本性を固有しているのであれば、その本性は現在者に丸ごと実現しているはずであること。だから順序段階を踏んで努力する必要はないこと。現在するままの現実態に、善なる本性が顕現していること。そのことを万人が聖人であると力説した。

この現在主義をより鮮明に打ち出したのは、王門の驍将であった王龍渓であった。

朱子学では聖人は理想態であったが、ここでは現実態である。このような人間理解、それに基づく努力論は朱子学者から殊の外に酷評された。そのことを考慮して、実践主体を表わすのに、背理性を危惧される「心」に替えて、「良知」ということにした。

朱子学者である羅整庵の批判に答えた書簡で初めて宣言している。王陽明四九歳の秋のことであった。後に良知心学と呼称される所以である。

以上の功夫論の特色を鮮明に宣言した提言がある。それは事上磨練説である。事とは実践主体と他者との関係をいう。それも抽象的に想定するのではなくして、とことん目の当たりにいる眼前の他者との関係である。簡単にいえば生活の現場、実践の現場である。そこに踏みとどまって自己の本来性を実現発揮することを磨き上げるのである。オン・ザ・ジョッブ・トレーニングと類似する提言である。

もう一つ王陽明の心学理論を特色づける提言に、無善無悪説がある。この無善無悪説は心即理説を発展させた提言である。

心即理説とは、この今に存在する生身のわたしたちが、自前で天理を創造発見するという意味であった。言い直すと、既存の価値観や、他者の考え、それが孔子の考えであろうとも、安易に依存することなく、自力で考え、判断し、行動することである。

無善無悪説の無とは、無くすという意味ではなく、自由になる、解放されるという意味である。既存の伝統的善悪感から自己を解放して、自由に判断し行動するということである。

心即理説と無善無悪説が一枚岩の表裏であることが理解できよう。

創造発見とは云うものの、ゼロからの創造ではない。既存の価値観や社会倫理を視野に収めながらも、一旦はそれから解放されて判断することを意味する。既存の社会から遊離して、抽象的に考えるわけではない。あくまでも当今の実社会で実践することを課題にしているので、当然のことである。

以上、中江藤樹が心学を学んだ時に、最も参考になり援軍になった朱子学・陽明学の心性論の特色を述べてきた。

次に、いよいよ中江藤樹の思想形成、中江藤樹心学の特色について説き進めるまえに、歴史的評価について一言しておきたい。

王陽明は晩年、江西省の思恩田州の農民叛乱を鎮圧せよという勅命を受けて出征する。出征する直前に、天泉橋のほとりで講会を催した。王龍渓・銭緒山の両高足が議論の分かれる難問について、王陽明の考えを問い質した。いわゆる天泉橋問答である。四句教ともいう。

この講会の前後に、銭緒山が王陽明から『大学』に関する考えを聞き出し、それは今は「大学問」として遺されている。一旦は「大学或問」と命名したが、朱子の『大学或問』と区別するために、

「大学問」が通称となった。王陽明の思索が最も成熟した時期の遺言である。

王陽明の心学が佳境に入ったのであるが、王陽明には思索に耽る時間は許されなかった。瘴癘の地に起こった農民叛乱を制圧することを命じられ、現地に赴いて制圧に成功するものの、王陽明は体調を崩してしまう。もともと結核を病む身であったのを意思の力で乗り切ってきたが、文字通り限界を超えた。赴任地から無断で帰郷するが、その途次に病没する。五八歳であった。そのときに、一門人が最後の言葉を請うと、「我が心光明なり」と答えたという。いかにも王陽明らしい遺言である。

五　中江藤樹の心学の特色

中江藤樹が生きた一七世紀前半とは、中国・明王朝の最末期である。中江藤樹が死去したのは一六四八年であるが、その四年前、一六四四年に、中国では王朝の交替があった。漢民族の王朝である明王朝が崩壊して、満洲民族の王朝である清王朝が誕生した。この王朝交替について、中江藤樹は知らなかったに違いない。

王朝の交替があったものの、中国からの文物が大量に日本に将来した。中江藤樹の読書体験を俯瞰すると、国書は『犬枕』などが例外的に確認できるが、大方は中国渡来の漢籍が中心である。朝鮮渡りの本も含まれている。漢籍はもちろんのこと、木版印刷された、いわゆる唐本である。

中江藤樹が愛読した唐本のなかには、『鑑草』の素材となった『迪吉録』など、道教關係の書もあるが、最も熱心に読み返したのは、儒学書、とりわけ朱子学関係の書である。なかでも朱子の主著である『四書集注』である。この『四書集注』をさらに布衍したのが『四書大全』である。中江藤樹はこの『四書大全』本を熟読した節がある。

さて、この『四書大全』とは、明王朝の永楽年間に『五経大全』『性理大全』とともに、政府が科挙（科目選挙。高等文官試験）の試験内容を指定した欽定教科書である。この三書を俗に三大全という。明王朝一代の受験生なら誰もが学ぶ必須の教科書である。

それが日本に入ってきて、それを中江藤樹はテキストとして真剣に学んだ。祖父がこれからは戦争の時代ではないと気づいて、孫の中江藤樹に買い与えたものである。もちろん中江藤樹の読書範囲は『四書大全』ばかりではなかった。とはいうものの、同時代の中国・明王朝で最も流布していた朱子学の教説を説くものが基本であったことは疑いない。

いつの時代でも教科書は確実に買い手がつく。木版印刷が商業として盛んであった明王朝末期のことである。その恩恵が平和の時代になった江戸時代の最初期にもたらされたのである。

このことは三つの点で画期的なことであった。

一つ目は、中江藤樹が生を享けた一七世紀以前の人々にとっては、漢籍を読むことは容易ではなかった。日本と明王朝との間のいわゆる日明貿易が日常化していなかったからである。

ところが、一七世紀初期には、漢籍が大量に日本に入ってきた。長崎が窓口である。輸出元は浙江省の寧波である。

この当時、輸入された漢籍が紹介する学術情報は、日本人読者にとっては、何もかもが眼を見張るものであった。それを象徴的に証言するのが林羅山の若い時の「読書日記」である。情報の広さと深さに仰天した。新世界を見る思いであったろう。

林羅山はこの新世界を紹介することに大わらわになった。文化の落差があまりにも大きいことを痛切に実感したが故である。

この林羅山を中江藤樹が「鸚鵡」と酷評した。新気運が生まれようとするときには、新世界を紹介する役者が登場する。その一人が林羅山であった。輸入された知識を受け売りする「鸚鵡」に過ぎない、という中江藤樹の酷評は的を得ている。しかし、林羅山が果たした歴史的役割は正当に評価されるべきであろう。

中江藤樹は輸入された漢籍を読破して思索した。一七世紀以前の日本の人々は写本を読み耽った。この違いを軽視してはいけない。中江藤樹が唐本漢籍の時代に生を享けたことは、誠に僥倖であった。二つ目は、それは朱子学を媒介にして性善説を知ったことである。朱子学が読書界に紹介されたのは一七世紀に入ってからである。もちろん朱子学は朱子の没年のころには日本に紹介されており、日本の読者は知識の一つとして断片的に読み流すことはするものの、その本義が性善説にあることを理解することはなかった。性善説を理解できるほどには知的水準が未だ達していなかったのである。室町時代には数多くの禅僧が中国に留学したが、儒教・朱子学には興味を示さなかった。この頃人々が信仰したのは禅宗と浄土宗である。

禅宗では、わたしたちの生命は地水火風空の五大（五元素）が、仮に結合してこの身体を構成しているという。死ぬとはこの仮の結合が分離して、元の五元素に回帰することに過ぎない。わたしたちは「わたし」ではなくなるのである。つまりは「わたし」が実在しなくなるのであるから、死後の世界そのものは無いということになる。となると、死後に神に裁かれるということもない。

だから、生きている今にこそ、安心して本来の仏性を心量一杯に燃焼させよという。「日日是好日」（毎日を目一杯生きよ）とはこのことをいう。戦国時代、殺すこと、殺されることが日常茶飯事であった時代の一つの人生観である。

浄土宗では、苦難に満ちたこの現世に希望を捨てて（断捨離）、死後の世界で救われて浄土に再生することを願えという。戦乱と飢餓に追われていた庶民は、この浄土宗・浄土真宗に救いを求めた。

それが一七世紀になると一変する。戦争の時代から平和の時代に転換した江戸時代に、人間観として性善説を説く儒教（朱子学・陽明学）が入って来たのである。

豊臣秀吉が朝鮮半島に出兵した際に、捕虜にされて日本の大洲・京都に拉致された姜沆に藤原惺窩（一五六一～一六一九。永禄四年～元和五年）が朱子学を学んだことが嚆矢であるという。

藤原惺窩の門人が林羅山である。林羅山は徳川幕府の儒官であったことが幸いして、輸入漢籍を広く読むことができた。

中江藤樹は学問に理解のある祖父のお蔭で漢籍を読むことができた。そして性善説を知ったのである。

性善説とは自力による自己救済を説く宗教思想であることは先に述べた。戦争の時代が終わって、明日も生きることができるという希望を懐くことができるようになった時代に相応しい人間観人生観であった。

三つ目は、唐本・朝鮮渡り本で陽明学が日本に紹介されたときに、王陽明・王龍渓などの著書が将来される前に、王陽明の良知心学が誤りであると烙印を押した、極めつけの反陽明学書を介して受容されたことである。陽明学にとっては不幸な出発であった。

その反陽明学の書を象徴するのは、陳清蘭の『学蔀通弁《がくほうつうべん》』である。明朝を滅ぼしたのは王陽明・王龍渓の心学思想であると痛罵したのがこの書である。この『学蔀通弁』が、種本として林羅山の朱子学・陽明学理解を醸成したことは、藤原惺窩との「師弟問答」に如実に記されている。

中江藤樹がこの「師弟問答」を熟知していたか否かは証明できないことを遺憾とするが、具体的な指摘はしていないものの、林羅山を「鸚鵡」と批判しているのは、渡来本である『学蔀通弁』の論法を丸呑みにして、声高に陽明学を批判することに象徴されるような、その安易な思考方法を酷評したものである。

ともあれ、中江藤樹は陽明学に対する逆風の吹き荒れるなかで、独自に良知心学に開眼したことである。

さて江戸時代の徳川幕府体制の中核を占めたのは武士階級である。この武士という表現は「武」（軍人・武官）と士「士大夫・文官」の合成語である。武士は武官と文官の二つの役割を期待された。武官としては兵学の書である『孫子』を学び、文官としては儒教の『四書』を学んだ。文武両道を修めるのが武士のたしなみであった。明王朝の時代に兵書の総集として『武経七書』が編集された。中国でも朝鮮でも、士大夫はあくまでも文官であって、武官を兼ねることはなかった。それに武官の社会的評価はとても低かったから、兵書が広く読まれることはなかった。江戸時代はこの『武経七書』に代表される兵書が盛んに読まれたばかりではない。兵書の註釈出版が盛んであった。それは武士の存在がそれを促したのである。

中江藤樹の祖父は武士であったが、父は帰農した。祖父を継いで武士になった中江藤樹には、祖父とともに野人を撃退した武勇伝があるが、兵学そのものには関心はなかったようである。祖父は、兵学の時代が終わったことを明察して、中江藤樹に戦争学ではなくして、平和学を学ぶよう勧めた節がある。

中江藤樹が本格的に儒学を学んだのは大洲時代である。最初の師は禅僧であった。学んだのは『論語』である。朱子の『論語集注』であったろう。しかし、この禅僧に学んだ期間は短い。後は自分で繰り返し読み返して理解することに努めた。

この読書体験は難渋したようである。字義を理解して知識として習得する、いわゆる訓詁学に満足しなかったからである。中江藤樹は文意をこそ知りたかった。それもその文意が内包する大義（根本義）を理解したかった。基礎学力が不十分なままに、闇雲に大義を追求した。この語録は文章の上ではこのように言っているが、とどのつまりは何を言おうとしているのか。中江藤樹の煩悶は開ける糸口を見いだせない。

このような煩悶に襲われたのには、二つの理由がある。一つは、平和学を追求した中江藤樹が求めたのは、戦争が終焉した時代に、いかに人々を治めるかという「治人学」ではなかった。もともと

「人を治める」政治にはさして関心を持てなかった。後に二七歳のときに、大洲藩を脱藩して浪人（庶民）になるが、その素因は前からあった。母が住む故郷に帰ってからは、その傾向に拍車がかかった。

中江藤樹の基本的関心は、一人の人間としていかに生きるか、生きる力の源泉を何処に求めるか、それをどのように考えて、実生活の場でいかに実践するか、とことん、他でもないこのわたしが、いかに考えて、その所得をいかに生かすか、が主題であった。

つまりは「生きた学問」を追い求めて、その学問を生きようとしたのである。文義の解釈で満足できなかった「学者」（学びながら生きる人）が、朱子学・陽明学が課する宿題を真正面から引き受けたのである。

煩悶を余儀なくさせたもう一つの理由は、学問を知識・理論の位相（レベル）に留めないで、それを生活者として生きようとしたときに、朱子学の教示にも陽明学の教示にも、違和感を覚えたことである。

六　中江藤樹の煩悶

最初に煩悶を覚えたのは、朱子学が提言する修己論（己を修める。自己の本来性を発揮するように努力する。修養論ともいう）である。朱子学は性善説を立論の基礎に置いて修己論を提示していることは先に述べたとおりであるが、人間の弱さを配慮して、ふらつく心をしっかりと制御する「本性」を心の中核に、心とは別格の、一定不変ものとして措定した。この本性が心を不動心に導くという準備をした。この本性が天理（あるべき生き方考え方）を決める。このことを朱子学では「性即理」という。そして「性即理」の実現者が孔子であるという。

その結果、孔子の言行を模範とすることになる。そのことを朱子は「孔子は規矩準縄である」といった。この規矩準縄を天理として把握することが格物致知の一翼ということになる。勢い、努力の仕方は孔子の残した規矩準縄を模範として準則することになる。

実は、朱子はこの規矩準縄を特に根底から再検討することを述べていたのだが、朱子学が科挙の教程として権威づけられると、再検討する機運は失われてしまい、教条主義になり果て、天理は固定化されて、自主的に自由に生きんとする心を拘束することになる。

朱子学が持つこのしばりつけを中江藤樹は「格法」（決まりきった仕方）と呼んだ。朱子学の修己論を格法と決め付けたのは、中江藤樹の独創ではない。すでに王陽明の驍将であた王龍渓が明言していた。中江藤樹は王龍渓の『王龍渓会語』を熟読していたので、王龍渓から示唆を受けたのかもしれない。

朱子学の格法に懊悩したのが何時のことであったのか。各種の年譜の記事がまちまちなので、断言はしにくいものの、『王陽明全集』『王龍渓会語』に出会えたことが、「格法」のつまづきから解放されることになる。「格法」に泥むことを深く反省した中江藤樹は、如何なる理論も時所位を勘案して、鵜呑みにしないことが肝要であることを痛感した。

以上は修己論をめぐる問題であったが、もう一つ問題があった。修己の己（わたし自身）をいかに把握するかをめぐる問題である。朱子学でも陽明学でも、性善説を人間観の根底に据えていたことは、これまでもしばしば述べてきたとおりである。朱子学と陽明学では心性論の仕組みは異なるものの、それぞれが自らの視点に立脚して、ともかくも破綻（ほころび）のない立論になっている。

だから、知識として理解するというのであれば、その違いは違いのままに、そういうものか、と把握して、それでお終いということで済んでしまう。

ところが中江藤樹の場合には、それでお終いにはならなかった。それは何故か。中江藤樹は性善説を人間の本性論（本質論）としては承認する。朱子や王陽明では、人間が悪魔の姿を露呈するのは、身体的要因とか外部的誘惑に打ち負かされて、本性が順調に発揮されないために、結果的に悪魔の姿を現出してしまうのだという。別な言い方をすれば、人間の弱さが露呈するのは、身体的・外部的要因の故であると言い訳しているとも云える。

しかし、中江藤樹はそのようには考えなかった。本来のあるべき姿に叛いてしまうのは、単に身体的外部的な、いわば二次的な要因に突き動かされてそうなるのではない。

そもそも人間は本質的に悪をしでかしてしまう要素があるのだというのである。中国・漢代の儒者である楊雄が主張した善悪混然説である。中江藤樹が楊雄のものを読んだ形跡はない。朱子は『孟子集注』告子篇で、告子の性説を楊雄の善悪混然説を持ち出して非難しているので、あるいは『孟子集注』を読んで善悪混然説にひらめいたのかも知れない。しかし、より直接的には中江藤樹は直に人間群を観察するなかで、悪魔性を単に後天的なものに過ぎないというには、あまりにも根深いことをわきまえたからではないだろうか。このことが中江藤樹の心性論に反映する。

朱子も王陽明も、本性からの逸脱、過不及として悪を考えた。本性が善なのに悪が現出するのは、わたしたち＝「心」が働いた後のことである。心が未だ働いていない、本性のままにある状態を「未発の本体」という。すでに働いた後の状態を「已発の作用」という。悪が出現するのは「已発の作用」の位相である。それを「意」という。意識作用である。

この「意」の位相で悪を出現させないために、朱子学では格物致知と居敬（持敬）の両輪の功夫が肝要であるという。陽明学では心・良知の主宰力に任せれば、それで「意」に過不及・逸脱は生じないという。しかし、両者ともに悪は意の位相に露呈するという点では同案である。

中江藤樹はどちらにも同意できなかった。朱子学がいうように、格物致知・居敬の準備をしたところで、すでに発動した現場である意に悪が露呈してしまうのであれば、その「意を誠にする」（『大学』誠意章）功夫（心が本来性発揮する功夫）に手を尽くしたところで、すでに手遅れであろう。最早取り返しがつかないからである。

実はこの点は朱子も感づいていた。準備を十全にしたとしても、取りこぼしがあると門人に述べている。その取りこぼしを補うのが「独りを慎む」（『大学』『中庸』）という功夫だという。

王陽明の場合も、すでに悪が露呈する位相で「意を誠にする」功夫をしたところで手遅れであることは朱子学と同じである。

ましてや、良知は本来的に固有しているとは言っても、生身の存在（わたしたち＝心）が発揮できるのは良知の全量ではない。已発作用の位相で悪の露呈を塞ぐことは不可能である。この『大学』の誠意説をいかに理解するか。これが問題であった。

中江藤樹は「意は百悪の根源である」と決めつけ、その意を本質的に固有するという。朱子学や陽明学がいう已発作用の位相のことではない。となると、誰もが本質的に固有する、百悪の根源である「意」をいかに処置するか。一筋縄ではいかない。

中江藤樹は次のように考えた。意を伏蔵するままに心の底に鎮め置くこと。そうすれば百悪は露呈しない。これが中江藤樹の誠意説である。

中国・明王朝の時代に朱子学・陽明学の誠意説に異議を申し立てて、第三の誠意説を提案した人として、王一菴・劉念台がいた。しかし、この二人は性善説の基本的枠組みは保守していた。それに比べると、本性論として善悪混然説を説いた中江藤樹の心性論は未曾有のものであった。それは、もはや単純な性善説ではない。

中江藤樹が王陽明・王龍渓を高く評価していたことは疑問の余地はない。また二人の心性論のお蔭で救われたという意味のことを述べているので、これまで陽明学の系譜に位置づけられて、日本陽明学の開祖と位置づけられるのが定番であるが、中江藤樹は陽明学を単に受け売りしたのではない。大きく刺激を受けながらも、それを生きようとしたがために、その心性論が人間の実態にそぐわないことを痛感して、独自の誠意説に象徴される心性論を打ち立てたのである。

中江藤樹が『大学』『中庸』にたびたび註解を施しているのは、誠意説を中核にした心性論を独自に考察した、その所産である。哲学者中江藤樹の本領が遺憾なく発揮されていると云える。

もう一つ、中江藤樹の心性論の特色が現れているのが、「致良知」説である。「致良知」は王陽明が提言した、良知心学の鍵概念である。「心即理」説が進化して「致良知」という表現になった。

「心即理」は朱子学の「性即理」に対する反措定（アンチテーゼ）である。朱子は「心即理」とは言っていない。それは生身のわたし（心）が背理の可能性に満ちているからである。その故に王陽明の「心即理」説は、朱子学者から賛同を得ることはできなかった。王陽明は背理することが危惧される「心」に替えて、『孟子』に由来する「良知良能」の語を援用して良知の一語に集約して、「致良知」と主張したのである。

この「致良知」は、普通には「良知を致す」と訓読される。しかるに中江藤樹は「良知に致る」と訓読した。

何故、中江藤樹はこのように読んだのか。これまで様々な解釈が試みられてきたが、今一つ明晰でない憾みがある。中江藤樹の心性論のなかで試論を提示したい。

それは善悪混然説、誠意説と深く関係する。心の中核に良知＝善と意＝悪の源が本来的に同居する。その心が良知を発揮しようとしても、同居する意がそれを妨げる。すんなりと発揮させてはくれないのである。周到に「意を誠にする」功夫をしてこそ、良知の出番がある。「良知を致す」のは「良知に致る」功夫を仕上げた後のことである。この「良知に致る」という訓読は中江藤樹が苦心を凝らした提言である。

朱子学でも、心の弱さには十分配慮していた。しかし、弱さが過不及として悪が露呈するのは已発作用という実践する位相のことであった。本性が善であることは少も揺るがない。

ところが中江藤樹の心性論では、意＝百悪の源が生得のものとして心に伏在するという。生身の人間が持つ悪魔性について深刻に受け止めていたことになる。

本性とは形而上のものであるから、科学的に実証できるものではない。本性は善であると悟ることが、性善説を了解する鍵である。中江藤樹は本性は善悪が混然と同居していると悟ったのである。その悟りを促したのは、中江藤樹の人間観察ではなかったか。

中江藤樹が生身の人間をいかに観察していたのか。門人に与えた書簡を見ることによって確認することにしたい。

七　門人教育について

中江藤樹の書簡は三十代のものが多い。近江の小川村に帰った後に、大洲藩の門人・武士に与えたものが大半である。とくに一六三八年前後から後の書簡が多く残っている。この書簡の一つひとつについては、十分に考証されていないので、細部にわたる個別的な事情について語ることができないことを遺憾とする。

中江藤樹は門人の困り事・悩みの相談について実に丁寧に答えている。良きカウンセラーであったといえよう。門人の問いかけは様々であるが、いづれも日常生活の現場における具体的な困り事であったようである。

ただし、門人の手紙そのものは残されていない。中江藤樹は返書を認める際に、困り事の核心を返書の冒頭で確認して、そのうえで対処の仕方を教示しているので、問いかけられた困り事・悩みは返書の文面から推察するしか手立てがない。中江藤樹の手紙は、困り事をいかに解決するか、というよりは、それに対処する姿勢を組み直すことを教示する内容になっているものが多い。

勢い、特に当の門人が「生きる・考える」主人公であることの自覚を促して、生き方考え方（このことを心術・心法ともいう）を組み立て直すことを教示することになり、返書の基調は心性論が主題になることになる。この心術・心法の学びを「心学」と呼称している。自らの学びを心学と呼称したことは、王陽明・王龍渓の良知心学路線を継承していたことになる。

中江藤樹が門人の困り事・悩みをきいて、思わず書き記している文言が二つある。一つはあなたが抱えている困り事・悩みは「少年の通病」であると。もう一つは「初学の通病」であると。

初めに「少年の通病」から説き起こすことにしたい。

少年が中江藤樹に持ち込んだ困り事・悩みとは、色念・色欲のことである。つまりは性欲の衝動に突き動かされて心学に専念できないという相談である。

人欲・私欲の克服については、古来から賑やかに論戦が展開されてきたが、性欲に特化する立論は『孟子』告子篇に見える告子の「食色は性なり」（食欲と性欲は人間の本質である）があるものの、以後、この命題は煮詰められることはなかった。その意味では色念・色欲を正面から取り上げたことは、中江藤樹一門の特色の一つである。

個人の秘め事として、表に出にくい問題なのに、門人が率直に問いかけているのは、カウンセラーの中江藤樹を信頼していたことの証左でもあろうが、中江藤樹一門では、心学を一般論として抽象的に論議するのではなくして、各自が自らの生活経験に即して心学を生きることを追求していたが故であろう。

中江藤樹は性欲の衝動に翻弄されがちなのは、あなただけのことではない。若者であれば誰でも懊悩する課題であるという。中江藤樹は性欲そのものは誰もが自然に持ち合わせる欲望（正欲）であり、それ自体は善でも悪でもない、しかし、対処の仕方を誤ると奈落の底に陥ることになるという。対処の仕方として次のように云う。闇雲に性欲を遂げて、ひとときの快楽を得たとしても、その後直ぐに後悔するに違いない。それよりも性欲を心に伏蔵したまま抑え込んだ方が心が平安を維持できるという。一時の快楽をとるか、心の平安をとるか、どちらを選択するのが損か得か、よくよく対比して考えなさい、という。このことを見解の対算と表現している。

朱子学・陽明学では、善なる本性が作用して（働いて）、道（中庸）を逸脱すると、過不及（過ぎたり及ばなかったり）を結果する、それを悪といった。逸脱させる原因の一つは欲望である。負の働きをする欲望を私欲・人欲という。そして「人欲を去りて天理を存する」功夫を力説した。

この提言は欲望を否定したかの如く理解されてきたが、そうではない。負の働きをしがちな人欲の熱量を正の働きをする方向に転換させて、「天理を存する」熱量にしなさい、というのが主意であった。「去る」と「無くす」の違いを理解できなかったがために、誤解してしまったのである。

中江藤樹は単純な性善説ではなかった。意＝百悪の根源 は本質的に伏蔵しているという。それだけに悪に立ち向かう姿勢が真摯であった。それが性欲論、見解対算論を表出させたのである。

損得を対算することは、明代末期に流行した功過格に類似するが、功過格は自らの行為が如何なる功過（功績と過失）を結果したのかを、毎日反省して数値化して、損得を対算する、極めて卑近な実践倫理である。

それに対して中江藤樹の対算論は、実践する前に損得を計算して、悪事が現れないようにするという、出発点における損得計算である。これは功利主義の一つの方法である。分かりやすい示唆に富む教示であるといえる。

次に、中江藤樹が「初学者の通病」と述べている事例を紹介したい。

「心法の実践が上手くいかない」（心法取入難成）という問い合わせに答えて、中江藤樹は、その原因は「性を心外に求める」からだと諭している。

われわれの「現在あるがままの心には主人公としての本心（良知）」が厳存しているのに、初学のときは習心と邪気と習気が混雑した状態で伏蔵している。この邪魔をきれいさっぱりと精算する（意を誠にする、伏蔵のままに押し込める）手間をかけて、心を主人公にして、自反（自らの現状を反省して）慎独（本心を発揮する努力をする）に務めなされ、という。（答森村子。藤樹三七歳）

「妨げが多く退屈してしまう」（色々の妨御座候而、御退屈被成候旨）という問い合わせに答えて、それは自反慎独の努力をしないために、心が「すくみ」（萎縮）してしまっているからだと云う。

ここで云う「退屈」とは「暇をもてあます」という意味ではなくして、当面する課題に取り組むことを放棄してしまうこと、つまり「退き屈する」ことを云う。この「すくみ」という病症については、中江藤樹は事あるごとに指摘している。

「退屈」を招いてしまう「すくみ」は、いかにも深刻なものであった。自らの現状に対する自己認識の甘さを指摘し、「心法」を実践する主人公が内心に厳存することを教え諭して、努力するように励ましているのだが、その成果は遅々たるものであった。

「心法」は成り難く崩れやすいものであるということもあるが、その種の問い合わせが多いということは、中江藤樹一門が目指したのは、知識の習得ではなくして、日常生活の現場で、その「心法」生きることが第一義であったことに起因する。

そもそも心学では、その「心法」を実践する熱源は心内に厳存する主人公であるが、その事実をしかと覚悟できないと、とても自分は「心法」を担いきることはできないと、自分の本来性を見限ってしまう。このことを孟子は「自暴自棄」といっていた。

この種の問題は初学者にはありがちである。王陽明の『伝習録』にも同種の問答がある。それだけに中江藤樹は本性を覚悟することを懇々と説き明かしている。（答田叔。中江藤樹三八歳）

「怠けてしまい、安定して実践し続けられない」（彼人今程御懈怠之由、進退起伏定まりなき事）という問い合わせに答えて、志がすたれることがなければ、進みます、という。意欲の魔障が深いと、主人公である良知が主導権を失いがちだが、状況が変化するなかで魔障は退散すると、良知はありありと働いて進修の成果が得られます、という。（答國領太　中江藤樹四〇歳）

「具体的な実践の場（応接有事）では良知を発現しやすいが、現場をはなれた（無事静坐）のときは、高遠に陥るか、抽象的になりがちです」という問い合わせに答えて云う。有事と無事で、努力の仕方に動静で違いがあるわけではない。ともかく「良知に到り」「自然の天機」に従うのがよい、と云う。

以上、抽象的な質問を取り上げて紹介したが、問い合わせ事項は実に多岐に亘る。それに対する中江藤樹の返書は常に親切丁寧である。中江藤樹は返書のなかで、問い合わせの事項を確認した上で、その病に応じて処方箋を提案しているのだが、その詳細については敢て紹介しなかったのには、実は訳がある。

門人の通病を確認してその原因はどこから来るか。それを簡明に示しているが、その簡明さは中江藤樹の人間観察、その根底にある人間理解にある。それを端的に示すのが、先に紹介した性善悪混然説、意は百悪の源、独自の誠意説である。門人の問い合わせた課題に如何に対処するのが適切なのか。中江藤樹は課題ごとにそれに相応しい努力の仕方（処方箋）を提案している。

その際、なぜこの処方箋を提案するのか、を述べる際に、その理論的根拠として持ち出されるのが、いわゆる「心性論」である。朱子学・陽明学の本領も実は心性論にある。中江藤樹の心性論の特色は先に紹介済みであり、重複することを避けたまでである。

この個々の門人が抱える具体的な課題を勘案して心性論を開示していることを、改めて確認しておきたい。門人たちは生活の場で心学を生きようとして問い合わせてきた。他人事として、一般論として問い合わせて来たのではない。カウンセラーの中江藤樹もまた、具体的な課題を見据えて返書を認め、そこで、病症と処方箋をつなぐ論証として心性論を展開しているのである。一一の返書は読み解きやすいものばかりではない。しかし、中江藤樹の心学の特色が遺憾なく発揮されているのが一連の書簡であることを改めて強調しておきたい。

もう一つこの書簡の特色を挙げておきたい。それは、問い合わせてきた門人に、日夜懊悩している課題を一人で抱え込まないで、それを他者と共有することを勧めていることである。

取りあえず提案した処方箋に取り組んでみて、その成果はいかがですか、と問い合わせてもいるのは、いつでもお手紙をくださいという促しであった。遠く離れて生活しているので、直接問い合わせることができない状況であったから、この促しは、門人にとっては大きな励ましであったろう。近くにいる講友と出来る限り切磋琢磨することを勧奨しているのも、老婆心からの親切であった。

「聖人になる」とは新儒教の看板である。しかし、新儒教が世間に行き渡る以前には、聖人とは別格の人間であって、誰もが目指すべき理想像ではなかった。（例えば親鸞聖人。この場合はしょうにんと読む）新儒教が宣言する聖人とは、万人が実現することが可能な姿である。それを端的に表現したのが王陽明の「街行く人は皆聖人」という、万人聖人説である。

しかし、中江藤樹の時代は、それが言い出されたばかりのころであり、門人たちがそれを自らの課題として引き受けるには、いかにも直ぐには無理であった。聖人を知識として理解するのではなくして、当の自分がそれを目指して努力するのだといわれても、直ぐには合点がいかなかったに違いない。ともかく先ずは第一に人間らしく生きたいのだという志を立てなさい、と機会あるごとに、中江藤樹が門人に教示したのはそのためである。

身近に聖人を志した模範（モデル）を見出せない、未熟な時代環境であった。本来は聖人であっても（良知を持ち合わせていても）、その実現発揮を阻害する「意＝百悪の源」が伏蔵している。それをも振り切って、「良知に致る」努力を怠ってはいけないとは促されても、当の門人はこの聖人になる（人間らしく生きる）課題から逃げ出したくなる。踏みとどまっても、とても無理だよと、萎縮してしまいがちである。「すくむ」な、自分の可能性を発揮する試みを放棄するな。中江藤樹の叱咤激励が聞こえてくる。

人間の本来性と現実性を深く配慮して、懇切に教諭している中江藤樹の書簡は滋味深い世界である。

八　門人たちの学び

中江藤樹の門人群は多彩である。概ね中江藤樹が近江の小川村に帰郷した後は、中江藤樹の一門は特に賑やかになる。なかにあって、中川謙叔、熊沢蕃山、淵岡山の三人が傑出した門人である。藤樹心学をよく継承した中川謙叔は岡山時代に盤珪永琢と縁があった形跡があるが、その学統は不分明である。

熊沢蕃山は中江藤樹がその資質を高く評価した高足の門人であるが、蕃山自身は中江藤樹心学については高く評価し、それを学ぶことができたことには深く感謝しているが、中江藤樹の心学には制度論・経世策がないので、これだけでは社会的政治的成果を生むことは出来ないと判断して、藤樹心学とは一線を画している旨の宣言をしている。

熊沢蕃山のような心学評価は彼の独創ではない。中国の宋代の陳亮・葉適などが唱えた「事功派」の人々は、「良く生きる」こともさることながら、むしろ社会的成果をあげることをより重視した。

もちろん、朱子学や陽明学の士大夫も社会的成果をあげることを忘れていたわけではない。しかし、手段を選ばずに、成果さえあげればいいと云わんばかりの「治人」一点張りの事功派の主張には与しなかった。

幕末維新期に活躍した大橋訥菴（一八一六～一八六二。文化一三年～文久二年）は、陽明学者として出発しながら、朱子学に転向し、最後には尊王攘夷の政論『闢邪小言』を著した。大橋訥菴もまた「修己」論として心性論を深く極めても、政治的成果は期待できないと見極めた一人である。

中江藤樹は時局の推移に全く無関心であった訳ではない。一六三八年、中江藤樹が三〇歳のときに、島原の乱が起こった。その新聞を知った中江藤樹は「妖孽の嶋原溢軌、令落城旨」と池田子に書き送っている。（与池田子）

この島原の乱は戦国時代の余風であり、この乱が平定されると、幕末まで戦乱は姿を消す。平和の時代を到来させた徳川家康を称賛する声が沸き起こる。

中江藤樹が門人と頻繁に書簡をやりとりして、心性論を展開させたのは、あたかも島原の乱が鎮静された以後の十年間である。

武士として修己のみならず治人の責務を負った熊沢蕃山には、修己論に焦点を当てた中江藤樹の心学には不満を覚えたであろうが、武士の身分を捨てて庶人になりきった中江藤樹が、治人論＝政策論を本格的に展開させなかったのは、積極的に選択した道であった。

淵岡山はその意味では中江藤樹心学の正統な継承者であった。一個人として如何に生きるか、そのように考えて生きることが許される時代環境になったのである。淵岡山は京都に書院を構えて藤樹心学を講義していた。

会津若松・喜多方の人々は縁あって心学に開眼することになる。自力で自己を安心の世界に導くことができるという「修己」論に驚喜し、郷里に帰って知己友人に伝えた。するとそれは燎原の火のごとく伝搬した。藩祖保科正之、山崎闇斎の朱子学・垂加神道の教学とは違背すること、時の藩政の揺さぶりを被るものの、よくしのいで特に会津・喜多方の武士・商人・農民層に深く浸透した。

かれらが学んだのは専ら中江藤樹の修己論、つまりは独自の本性論を踏まえた生き方考え方を受け止めて、それを生活の場で誠実に実践しようとした。

藤樹心学が生かされていくなかで、門人の間に疑問が沸き起こってきた。それはそもそも良知とは心裏にあるのか、天空にあるのか、という疑問である。中江藤樹はある門人に与えた書簡で、良知は心裏に内在すると明言しているので、このような疑問が沸き起こること自体が奇異の感を懐かせるのだが、その遠因は中江藤樹が「致良知」を「良知を致す」ではなくして、「良知に致る」と主張したことにある。この立論が良知が天空にあるのか、という疑問を導いた。より根源的な誘因は、藤樹心学の門流が、この心学を知識として学んだのではなくして、あくまでも「良く生きる」ことを肝に銘じて日夜講学していたことである。

百悪の根源である「意」を内心に伏蔵しながらも、それを伏蔵のまま押しとどめる努力をして、「良知に致る」ことを目途とするときに、その良知が内心に内在するのであれば、その良知は「意」との葛藤に苛まれる。そうではなくして天空に純然たる姿で在すのではないか、という、当事者にとっては切実な問いかけが生まれるのは不思議ではない。

「良く生きる」資源の呰をめぐるこの論議は門人の間の講会では決着がつかなかった。たまたま淵岡山の養子になって京都の書院を主宰していた淵貞蔵が会津藩に帰郷した。そのおりにこの問題の決着を請われたが、彼も判決を下していない。

その余波が三輪執斎にも及ぶのだが、三輪執斎は、何故このような疑問が提起されるのか、を理解できなかったのではないか。『標註伝習録』を著した三輪執斎であるから、良知が心裏に内在することは云わずとも知れたことである。

佐藤直方門で朱子学を学びながら「良く生きる」資源としては朱子学に見切りをつけて、陽明学に転向した三輪執斎ではあったが、この質問に対する言及が遺されていないのは、改めて言うまでもない愚問であったからか。それとも「良く生きる」資源の発掘に懊悩した「若気の至り」を忘れてしまっていたのか。

門流の一人である木村難波が良知を「戴き祈る」ことを力説し、それが美作の植木是水（生没年不詳）・松本以休（一七一八没）に伝り、江戸の二見直養（一六五七～一七三三）が「不知方の良知」を説くのは、その余波の一つである。

中江藤樹の門流の心学受用には、もう一つの特徴がある。

石田梅岩の石門心学ほどではないものの、中江藤樹の心学も全国に普及する。石門心学は組織をしっかりと固めて展開したが、藤樹心学は個人的に努力して盛り上げるという努力はみられるものの、心学運動を組織化して展開するという点では、石門心学と大きな違いがある。心学運動の展開の仕方には違いがあるものの、両者には共通する部分がある。心学の原論に相当する心性論を『大学』『中庸』『孟子』などの経書を解釈するという形で確認することを、開祖の中江藤樹・石田梅岩は試みてはいるが、門人となると、その大勢は、開祖がすでに確認済のことに改めて取り組むということは稀である。むしろ、生活の現場で心学を生きる上での要諦に関する立論が賑やかに論議された。心学を生きて、安心の境地を実感することが眼目であったから、けだし当然の勢いであろう。

石門心学の門流が卑近な日常倫理の徳目を羅列する著書を数多く出版している。心学の普及とは世俗化することとである。そこに示されている徳目がありふれたものだからと云って、それを低俗化したというのは当たらない。原論の構成が高邁であっても、それが日常生活の現場で提示される日常倫理は、耳を驚かすような奇異なものではない。

不合理な矛盾に満ちた存在である人間に「より良く生きる」ことを促そうとするなら、原論を精緻に吟味して、それに立脚して「生きる術」を示すことになる。その「生きる術」は簡易（理解し易く、実践し易い。もと『易経』の言葉）でなければ、人々は受用できまい。

藤樹心学の門流も受用の現場では石門心学の人々と基本的には変わらないといえよう。

九　中江藤樹心学の現代的意義

藤樹心学は、とりわけ会津・喜多方地方においては幕末・明治維新までは真剣に生きられていた。会津・喜多方ばかりではない。江戸・大坂・伊勢・京都・熊本なども淵岡山の流れに与する有力な門人が活躍していた。

江戸時代は儒学思想が主流であったかの如く説かれることがあるが、制度の思想としては仏教心学が公許の教えであった。キリシタン禁制を維持する上で、万人に寺院の檀徒になることを強制した。儒教は武士が文官の役割を果すうえでの有益な教学として学ばれたが、それを政治思想という視点から考察すると、江戸時代は儒教思想が主役であったということになる。仏教には制度論政策論がないので、そのような理解になるのは不思議ではない。

しかし、儒教のもう一つの側面である「修己」論に焦点を合わせてみると、儒教の思想的効力は江戸時代で終わったのではない。むしろ、明治時代以降の方が心学運動の熱量は遥かに江戸時代を上回ると云える。

幕末維新期に西学が紹介されるなかで、心理学が新参の学問として刮目される。刮目された理由は、心理学が倫理学を説かずに、存在としての人間を物理的存在と把握し、その精神作用の構造を明らかにしようとしたからである。西周・西村茂樹が驍将であった。

かれらは旧来の心学は客観的に人間を研究しないで、はなから性善説という形而上学を基礎にして、日常倫理を説くことに異議を申し立てた。この心理学は現代社会では花盛りである。

それでは心理学が登場して心学は衰えたか。否である。西村茂樹が『日本道徳論』を著したことが象徴するように、日常倫理を説く心学は国民国家に相応しい姿に変貌して、しぶとく生き残ったのである。

そのなかでも、陽明学を基本理念とする民間の結社がいくつも設立されて、賑やかに喧伝された。その主役は吉本襄（『陽明学』主幹）・東敬治（『王学雑誌』『陽明学』主幹）・石崎東国（『陽明』『陽明主義』主幹）である。

彼らが、王陽明の良知心学が日本社会で連綿と学ばれてきたこと、日本社会に親和性に富むことを主張しようとしたときに、前面に押し出されたその主役は中江藤樹であった。その中江藤樹の心学を継承した人々の、学びの痕跡を集大成して、よく記録していたのが、会津・喜多方の藤樹心学の人々であった。その文化史上の功績は大きいと云わなければならない。

それでは、藤樹心学は今や歴史的遺産にすぎないのであり、今日的意義はもはや無いのであろうか。そうではあるまい。社会の一員として応分の役割を果しながら、一人の人間として「より良く生きる」ことを第一義と考えるなら、藤樹心学は多くの示唆に富む哲学遺産である思うが、如何であろうか。

それは藤樹心学をそのまま口移しに復唱することを意味しない。そうではなくして、不合理な矛盾に満ちた人間でありながら、当のその人間が人間らしく生きる力を誰もが持ち合わせていることに開眼し、現代の生活に相応しい「共に良く生きる」日常倫理を創造しようとするとき、藤樹心学は勇気と示唆を与えるものと思うが、いかがであろうか。会津の喜多方、近江の高島、伊予の大洲の皆さんは、現に藤樹心学に促されて生きている。

性善説を人間理解の根底に置く儒教心学とは別に、「より良く生きる」倫理学がある。神の審判と救済を祈願する他力救済論とか、功利主義とかは、多くの人々の支持を受けている。そのような考え方があることを承知しながらも、もう一つの考え方として、儒教心学・藤樹心学を視野に収める試みをしてはいかがであろうか。

このような提案をする際に、急いで付け加えることがある。儒教心学・藤樹心学の遺産を考慮するというときに、かれらが主張した日常倫理を復唱することを云おうとしているのではない。われわれを取り巻く政治体制、社会環境は大きく変わったのであるから、かつて唱えられた日常倫理、とりわけその構造をそのまま持ち出すのは、時代錯誤である。そうではなくして心学の原論を考え方として生かせないかと、いうことである。

一例をあげよう。西田幾多郎は西洋哲学の影響を受けながら、東洋・日本的特色を加味した独創的な哲学者であると評価されるのが通例である。その日本的要素とは、禅心学を生かしたことであるが、その根底は王陽明心学と共通する。他力救済を視野に収めずに、安心を得ようとするなら、禅心学であれ、儒教心学であれ、心学に行きつくことになる。夏目漱石や鈴木大拙もまた同類である。

現今、人間を扱う分野として人工知能論・脳科学などが賑やかであるが、それらはあくまでも機能論であって、「如何に生きるか」という命題に答えるものではない。同じ事は社会科学にも言える。人間の多様性複雑性をありのままに物語る心理学は、人間を一義的に型に宛て嵌めようとする全体主義に陥ることを回避できる貴重な資源である。

たしかに心学が原資とする性善説は科学的に実証する（エビデンス）ことはできない。その意味では形而上学である。それは神の実在を科学的に実証できないのと同案である。それを承知のうえで、「能く良く善く生きる」ためには、その原資が不可欠である。功利主義、その変種である性悪説は究極の安心を与えてくれない。

となると、神様が「より良く生きる」ことを促してくれるという神観念。人間は「より良く生きる」力を持ち合わせているという性善説。このいずれかに行きつくことになるのではないのか。あるいは心学・神学を折衷した「心神学」が生かされるのか。このように考えてくると、藤樹心学は今日でも原資として意義があると言えるではないだろうか。

心学の原理は実践倫理学の原資とはなりえても、それはあくまでもその限りのことであり、心学の原理を生かすことだけでは、現代社会を生きることはできないことは、言うまでもない。「良く生きる」ことは、昔も今も安易にできることではないのである。

現代社会では、心折れそうな事態が続出し、途方に暮れて、道を見失いがちであるが、だからこそ、心学の簡易な原理を思い起こして、「良く生きる」元気を培養したいものである。

Ⅱ　中江藤樹の心学を学び伝え続けた会津の人々

小山　國三

序章

江戸時代初期にあって、「いかに生きるか」を主題とした中江藤樹の心学は、藤樹晩年に教えを受けた淵岡山《ふちこうざん》によって継承された。岡山在世のうちに、藤樹心学は奥州・武州・勢州・畿内・中国・九州まで、およそ二十四カ国に伝えられたという。

生活哲学である中江藤樹の心学を学び、その普及に努め、幕末まで二百年もの間、学統の維持に尽力したのは、実は会津の人々であった。

今からおよそ三五〇年前、江戸時代の初期の頃、寛文年間（一六六一～一六七二）の初めに、「いかに生きるべきか」の指針を求めて、二人の青年が会津の若松城下から京へ旅立った。大河原幸重《ゆきしげ》と荒井貞安《さだやす》である。

二人は京の地で、中江藤樹に直接教えを受けた藤樹晩年の高弟で、中江藤樹心学の正統な継承者であった淵岡山《ふちこうざん》のもと、藤樹の生活哲学、心学を学び、数年後会津に帰郷した。

藤樹の心学はこの二人によって、会津藩家中、城下町若松（現会津若松市）および北方《きたかた》（現喜多方市）の人々に伝えられた。以来十九世紀の半ば、幕末まで二百年もの間、会津では藤樹心学が多くの人々によって学び伝えられてきた。

人々は淵岡山の教示や語録、岡山と諸子との応答の書簡などを覚えとして書写し、勉学に供してきた。それがそれぞれの時代に編集され、写本として伝えられた。そしていまはそのほとんどが会津における藤樹心学最後の継承者三浦常親の末裔三浦家にひっそりと大切に保管されている。

明治時代後期、陽明学会を主宰、機関誌『陽明学』を刊行し、日本の各所に埋もれた陽明学者を調査、発掘して、かれらの遺書遺言を『陽明学』に発表していた東《ひがし》敬治は、淵岡山とその門流諸子の遺書遺言に注目、『陽明学』に批評のことばと注を附して発表した。

こうした事実は今日ではまことに残念ながら会津でも喜多方市の一部の人々を除いてはまったく知られていない。とくに会津若松市ではほとんど知る人はいない。

寛文年間から幕末までおよそ二百年もの長きにわたり、多くの人々が藤樹心学を学んできたという、文化遺産とも云うべき事実が忘れさられているのである。（筆者らはこれら三浦家に伝わる遺書遺文、さらに各地に散在する遺書遺文を活字化し、先年『中江藤樹心学派全集』上下二巻として上梓した。）

会津藩の正史とされる『会津藩家世実紀《かせいじっき》』巻之六十三には、「天和三年（一六八三）十二月二十七日、心学御制禁」の項に、若松城下町および北方において、中江藤樹の心学を学ぶ者は「ただ今町郷村ともに千人ほどもこれある由」と記されている。

『家世実紀』は、会津藩初代藩主保科正之《ほしなまさゆき》から七代藩主松平容衆《かたひろ》に至るまでの歴代の正史である。

幼くして家督を継ぎ、藩主となった容衆に、「家世の旧事」を知らせる目的で編集されたものである。寛永八年（一六三一）から文化三年（一八〇六）に至る百七十六年間の出来事が編年体に記述されている。

藩庁所蔵の記録、江戸・会津諸役場の書類、町・在郷に保存されている旧記類などがすべて集められ、厳密な取捨選択がなされた。その記述は藩の諸制度・支配関係はもとより、あらゆる階層の人々の私的な生活にまで及んでいる。

藩政関係全般を知り得る唯一の現存資料である『家世実紀』がこのように記しているのである。江戸時代、会津は城下町若松および会津郡・耶麻《やま》郡（北方）・河沼郡・大沼郡の四郡によって構成されていた。『会津風土記』によると、寛文六年（一六六六）の会津の人口は、城下町一九、四八五人、会津郡六九、一三三人、耶麻郡（北方）五二、四七四人、大沼郡三四、三三〇人、河沼郡三二、七三四人であった。十七年後の天和三年当時も人口はさして変わらなかったろう。

そのなかで城下町若松と北方の庶民あわせて約七万二千人のなかで、千人もの人々が藤樹心学を学んでいたというのである。

「千人」とは、多いことの言葉のあやなのかもしれないが、十七世紀後半の我が国においては、群を抜いた講学―集団的学習―状況にあったことは確かである。

会津の地において、どのような人々が藤樹心学を学び伝え、どのような曲折を経て幕末を迎えたのだろうか。

『家世実紀』のまとめられた文化三年（一八〇六）以降、会津藩の消滅する幕末までの記録は、『家世実紀』のような形ではまとめられてはいない。しかし『家世実紀』や『中江藤樹心学派全集』に収められている淵岡山および門流諸子の遺書遺文、さらには藤樹心学最後の継承者三浦常親の遺した彼の備忘録『北嶺雑記』などの資料により、その足跡をたどることができる。

それらに加え、儒者の伝記、藩教学の記録、さらには滋賀県近江の藤樹書院の古文書など、散在する資料をつぶさに検討し、紡ぐことにより、会津の人々が「いかに生きるべきか」を思索し、学び、どのように伝えて来たかを知ることができる。

吉田公平先生のご指導とご教示のもと、その歴史をたどり、盛衰を経ながら二百年もの長きにわたり営まれてきた先人の熱情のほとばしりをみていこう。

なお後年大河原幸重は養伯、荒井貞安は真庵と号した。文献には養伯、真庵と記載されることが多いので、まぎらわしさを避けるため本書では大河原養伯、荒井真庵とする。

一　藤樹心学の会津における学祖——大河原養伯と荒井真庵

大河原養伯と荒井真庵が淵岡山に入門する以前の勉学環境

会津の地に藤樹の心学を伝えた、会津藤樹心学の学祖とされる大河原養伯と荒井真庵が、京都に遊学する寛文年間（一六六一～一六七二）以前、知的好奇心に富み、勉学の志をもつ者にとって、当時の若松には学ぶ環境があったのだろうか。

大河原養伯と荒井真庵は上京する前に教育をうける機会はあったのだろうか。二人の青年が一足飛びに京で勉強することにしたのではないだろう。生まれ育った会津で勉学しているなかで、満たされない思いが沸点に達し、新たな師を求めて京に上る決意をするに至ったに違いない。

城下町若松における当時の勉学環境を直接具体的に記した文献は残念ながら見当たらない。関連すると思われることを積み重ねて、それに迫ることとしよう。

当時の会津における勉学環境を知ることができる資料に、儒者横田俊益の『横田三友先生年譜』

天・地がある。幸いにも幕末・戊辰の戦火を潜り抜け、無事保管され、現在は会津若松市立会津図書館に所蔵されている。

横田三友俊益は元和六年（一六二〇）若松城下に生まれ、藩主保科正之の侍講となり、元禄十五年（一七〇二）八十三歳で死去した。

この『横田三友先生年譜』は、単なる年譜というよりも自叙伝ともいえるような詳細なもので、俊益自身が誕生より七十六歳までを記し、嗣子の横田俊晴が七十七歳より俊益終焉の八十三歳までを書き継いだ。原文は漢文である。そこには俊益の講義や講学―集団的学習の様子についても詳細に記述されている。

俊益の言動を通して加藤家の末期から保科家の初期にかけての歴史の一断面を知ることが出来る貴重なものである。

俊益は幼いときから俊才で、十三歳のとき若松城主加藤嘉明のまえで白文の『六韜三略《りくとうさんりゃく》』を朗読してその英才ぶりを高く評価された。

寛永十三年（一六三六）十七歳のおり、江戸を経て京都に遊学、藤原惺窩《せいか》の門人堀杏庵の門に入り、その嗣子堀立庵に学び、一年後帰郷した。

その翌年十九歳のとき、嘉明の次の藩主加藤明成の推挙により江戸に出て林羅山の門に入った。

この年（寛永十六年）の四月、藩主加藤明成と家老堀主水（三千石）との間に三次におよぶ土木工事などについての確執が決定的となり、主水が妻子従者数十人をつれて領外に逃亡するという事件が起った。いわゆる会津騒動である。

それを怒った明成は翌年堀主水に追手をつかわし、主水を幕府に訴えた。主水も明成の暴政を訴えた。

この事件は四年後の寛永二十年、主水は切腹、明成は家臣堀主水との確執や家中不取締りの責めを負って、会津領四十万石を返上し、落着した。

藩の家臣は当然扶持を離れ浪人となった。いわば全員解雇されたのである。藩主明成の庇護のもとに勉学を続けていた横田俊益も浪人となり帰郷した。

帰郷後正保《しょうほ》三年（一六四六）二十七歳のとき、俊益は会津藩士や町人たちに『論語』を、翌年は『中庸』を講義した。

またこのころ朱子・陸象山《りくしょうざん》・薛敬軒《せつけいけん》・王陽明の語録から要語を抽出し、『養心録』と名付けて座右に置き、もっぱら精神修養に意を用いている(1)。

一方医学を学び、二十九歳のときに『日用薬性能毒』を講じている。そして三十歳のとき改めて本格的に医学を学ぶために江戸に行き、野間三竹の門に入った。

野間三竹は、曲直瀬道三《まなせどうさん》—曲直瀬玄朔《まなせげんさく》—野間玄琢《げんたく》—野間三竹と、曲直瀬道三の系譜につながる医師である。

曲直瀬道三（一五〇七〜一五九四）は、中国の嘉靖年間（一三六八〜一五六七）に行われていた、当時最新の中国伝統医学を日本に導入し、根付かせた功労者で、日本医学中興の祖と称される人物である。

俊益は慶安三年（一六五〇）三十一歳のときには『難経本義《なんけいほんぎ》』、承応元年（一六五二）三十三歳のときには『格知余論』を講じた。

先に講じた『日用薬性能毒』は曲直瀬道三の著書で、日常診療のメモとして重宝なもの、『難経本義』は中国明代（一三六八―一六四四）の滑寿《かつじゅ》（一三〇四―一三六六）の撰になる医学古典『難経』の注解書である。

『難経』は正式名を『黄帝八十一難経』といい、伝説上の名医扁鵲《へんじゃく》が『黄帝内経』の八十一の難解な箇所について解説した書といわれ、内容は針術の理論と臨床を簡潔に述べたものである。唐より金元に至る諸家の説を取り入れ、自己の見解を加えて校訂・註釈している。江戸時代前半のベストセラー医書の一つであった。

『格知余論』は中国金元四大家の一人朱丹渓《しゅたんけい》の著した医論書で、丹渓の医学認識を論説しており、治験例も記されている。丹渓の自序に「古人医ヲ以テ吾儒ノ格物致知ノ一事ト為ス。故ニ其ノ篇ニ目シテ曰ク『格致余論』ト。」とある。

さらにこの年には『本草日用集』五巻を編纂し、それに序文を付している。

翌年からは再び儒書を講義した。

承応二年（一六五三）三十四歳のときには『詩経』と『周易伝義』、承応三年（一六五四）三十五歳のときには延寿寺の法印尊易・恵倫寺の堂頭布春らを自宅に招き『周易』を講義し、さらに十月には『孝経大義』を講義した。

さて加藤明成の返上した会津領は、その年（寛永二十年）保科正之《ほしなまさゆき》が就封した。保科正之は会津郡・耶麻《やま》郡・大沼郡・河沼郡の会津領四郡と、越後国蒲原郡のうち海道組など四組七六村、および陸奥国安積《あさか》郡のうち福良組六村、合わせて二十三万石、さらに幕府よりの預かり地として南山御蔵入《なんざんおくらいり》（南会津地方）五万五千石を領した。正之三十三歳のとき、寛永二十年（一六四三）であった。

保科正之は慶長十六年（一六一一）徳川秀忠の四男として生まれた。三代将軍徳川家光の異母弟である。(2)

元和三年（一六一七）信州高遠藩保科正光の養子となり、正光の遺領三万石を領したが、その後出羽国山形城主を経て、会津城主となった。

家光の信頼極めて厚く、家光が死去し、家綱が将軍になると、家光の遺言により家綱を補佐し、幕政を主導した。そのため参勤交代はせず江戸住まいに終始したが、家老以下の家臣をよく指導し、会津藩の基礎を確立した人物である。その治政の根幹は朱子学と神道にあった。

俊益は、保科正之から再三出仕を求められても、病身を理由にその任にあらずと固辞し続けたが、筆頭家老田中正玄《まさはる》が俊益のもとを訪れ誠意をもって説得した結果、明暦《めいれき》二年（一六五六）六月その説得を受け入れ、二百石をもって侍講として正之に仕えることになった。(3)

その年に江戸に上り、藩主正之のために「詩経集伝序」および『詩経』の国風関雎《かんしょ》の篇を講じた。翌年帰国の命をうけ会津に帰り、会津藩の家臣と庶民に対して、儒書の講義をつづけた。

『横田三友先生年譜』には、明暦三年（一六五七）三十八歳のときから、寛文五年（一六六五）四十六歳までにどのような儒書を講義したか、詳細に記述してあるが、煩瑣になるので割愛する。

俊益以外の儒学者の講学について記した文献は見当たらないが、相当活発な勉学環境にあったとみてもよいだろう。

寛文六年（一六六六）の『会津風土記』によると、同年の若松城下町の戸数は三、二五六、人口一九、四八五人（男一〇、六五八人・女八、八二七人）であった。しかも城下町若松の古地図によると、横田俊益の居宅は郭内の武家屋敷に近く、若松のほぼ中央にあった。

その程度の規模の城下町では、マスコミのなかったこの時代でも、領主保科正之の信頼厚い俊益の行う講義の詳細やその雰囲気は、大河原養伯と荒井真庵には十分伝わっていたものと考えられる。

俊益が初めて儒書を講義した正保元年には、大河原養伯はまだ十二歳、巡講（輪講・会読ともいう）を進めるための約束、「巡講の制」を定めた寛文元年は、養伯二十六歳のときである。

多感で向学心に燃え、後に万難を排して上京するに至った大河原養伯と荒井真庵が、横田俊益の門を叩いていたと見ても無理のないことである。

一方、幕末まで連綿と藤樹心学を学び伝えた北方の地は、若松城の北北西、五〜七里（二〇〜二八キロメートル）に位置している。

村の行政をになう肝煎《きもいり》クラスの人々は、若松城下への年貢の貢納を宰領する、あるいは城下の有力者と姻戚関係を結ぶなど、公私ともに頻繁に若松と交流があった。

当時北方に住みつき、儒学を講じた儒者が存在したかどうか、残念ながら確認できない。しかし向学心に燃えた郷頭や肝煎クラスは、若松の講学に参加し、あるいはその刺激をうけて自学し、中国古典の知識が相当高いレベルに達していたことは確かである。

では実際の講義の模様は、どのようであったのだろうか。

同じ年譜によりそれを見ていくことにする。そこには、それぞれの講義の模様が詳細に記されているので、若松城下町における会津藩の家臣や庶民の俊益のもとでの講学―集団的学習―の雰囲気とそのレベルが推察できる。

当初行われたのは講釈であった。講釈とは先生が生徒を前にして経書の一章あるいは一節を講じて聴かせ、解釈を講義することである。

正保三年（一六四六）、俊益が最初に『論語』を講釈したときの模様はつぎのようであった。

俊益は仲間二、三人を私宅に集め、『論語』の講釈をしたところ、招きもしないのにこれを伝え聞いた人々数十人が一緒に受講したいと集まってきた。俊益は断ることもできず、これを許した。熱心に続け三年かけて『論語』の講釈を終えた(4)。

翌年二月俊益は延寿寺法印尊易、恵倫寺堂頭布春、訓桃らから儒書の講釈を要請された。彼らは協議して、俊益につぎのように云った。

「あなたは法華講を聞くために日々ここにおいでになっている。私たちは幸せである。ただあなたの儒書の講釈が聞けないのが残念である。なにとぞ法華講の席でそのあとに、ひと月に六度、あるいは四、五度儒書を講釈してほしい。私たちは大変有益なことと思う。」

俊益は辞退するが、強く要請されるので、やむをえず承諾し、要望にそって『中庸』の講釈をはじめた。回を重ねるごとに、席は膝を入れる余地のないほどになった。従者がむらがり、寺門の内外がやかましいが、これを鎮める手立てもない。俊益はこれをはばかった。尊易と布春は話し合い、つぎのように云った。

藩士や庶民が道を聞こうとして集まっている。私たちは拒むことはできない。この地には東照宮があり、このように付添の者がむらがっては過失が起るだろう。しばらく『中庸』の講釈をやめるべきである。

その後、家士二、三人がたびたび俊益の居宅を訪れ、講釈の続行を乞うたので、やむなく篇の終わりまで講釈した。(5)

明暦三年（一六五七）十一月九日、数人に対していわゆる「講ずる会読」である「輪講」形式による『大学』の授業を始めたが、俊益は受講生の勉学態度が受身で、安易に流れているのに我慢がならず、ついに輪講を中止した。

輪講とは、七、八人、多くて一〇人程度の生徒が一グループとなり、当番が前もって指定されているテキストの当該箇所について発表する。その後に、他の者がその読みや発表内容について疑問を出

したり、問題点を質問したりする共同学習の方式である。（前田勉『江戸の読書会』、平凡社、二〇一二）

横田俊益はこの学習方式を「巡講」とよんでいる。

明暦三年に俊益によって行われた輪講が我国での最も早い例である。

万治三年（一六六〇）、俊益は江戸に上り、藩主保科正之に謁見し、正之の指示に従って『詩経』を講釈し、翌年寛文元年三月会津に帰った。

待ちかねていた諸生は、明暦三年に『大学』の巡講が中断したのを惜しんで、俊益に巡講の再開を強く願った。

『横田三友先生年譜』寛文元年（一六六一）の項には、それに対する俊益の返答と、新たな巡講の方針がいきいきと記されている。

同志の諸生二、三人が明暦年中に『大学』の巡講が中断したのを惜しんで、俊益に巡講の再開を願った。そこで俊益はつぎのように提起した。

巡講に際し、前もって発表者の順番を決めて発表させるこれまでのやり方では、当日の発表者のみが真剣に準備をするだけであり、他の受講生はそれを安易に受け流している。また一人質問すれば、他の者はのんびりとその応答を聞くのみである。

このごろ経伝についての発表する者をみると、その条理をつまびらかにするのではなくして、ただ見栄えよく発表することのみに意を用いている。だから力を章句の句読を正し、文意を精査玩味することに用いないで、雑説のなかの分かりやすい論を取り上げ発表している。このようではいつの日に真理を得ることができるだろうか。巡講の法を定めなければならない(6)。

と、受講生に苦言を呈している。

経書中の語句の出典を調べ、その出典の文意を踏まえて解釈し、さらに伝・注・疏といった先人の注釈を参考に自分の考えをまとめることが学問であるというのである。

学則をつぎのように定めるという。

巡講の日は月に三回なので、間に九日の休みがある。受講生はその間に、『大学章句』『大学或問』の趣旨をよく吟味すべきである。また諸説の妥当性を検討しなければならない。

また巡講の日に教場に集まったならば人数分のくじを作り、くじに当たった者が当日の講釈をつとめる。講釈が終わればまた別にくじを作り、その順番に従って発表者に対し質問を行い、意見を述べる。それらのなかで最も条理に適った解釈をその日の決定とする(7)。

これはあるいは当然のようであるが、実は受講生にとっては大変な負担の多い規則である。十日に一日の巡講とはいえ、その間に出典と先人の注釈を調べ、考えをまとめ、当日くじに当たっても困らないように準備をしなければならない。

今日の大学院レベルのものであり、今の院生諸君もこの規則に縛られるとなると音を上げる学生も出るのではなかろうか。

続いて俊益はつぎのように云う。

新たに受講を希望する者は、初出席の日に発表者をつとめなければならない。そうでなければ出席を許さない。なぜこのようにするかというと、単に弁舌が優れているのみで、条理を究めようとしない者は、この講義に加わって厳しい質問を受けると、必ず反省の心が生まれ、顔色を変え、染み込んだくせを改めて学問が進むのである(8)。

これに対し諸生は、「それで結構でございます。その規則に従い、違背することはいたしません」と誓約し、『大学』の巡講は再開された。

この挿話は、今からなんと三百五十余年以前、一六六一年の出来事なのである。俊益の勉学に対する真摯な態度が見事に表現されている。受講生の勉学姿勢に対する、俊益の率直で容赦のない指摘は、今日の学生にとってもいささか耳痛いことではなかろうか。

巡講の制を定めた横田俊益による講義はかなりのレベルにあった。俊益の学問に対する真摯な態度と受講生の強い向学心を知ることができ興味深いものがある。

大河原養伯と荒井真庵の上京

こうした城下町若松の講学状況のなかで、二人がこれまで学んできたことは、「いかに生きるべきか」について真正面から応えない。充たされない思いが激しく盛り上がり、大河原養伯と荒井真庵の二人はついに新たな師を求め、京に上って、本格的に勉学することを決意する。

ときに養伯二十六歳である。荒井真庵もほぼ同年であったとみてよいであろう。

今日とは異なり、当時会津から江戸までは会津西街道、南山通りとも称される下野《しもつけ》街道を経て、約二四〇キロメートル、通常五泊六日の旅である。さらに江戸から京都までは二百余里、十五日から十六日、会津から京都までは実に二十日を越える日数が必要である。

しかも途中生命の危険に遭遇するなど、どのような災難に遭遇しないとも限らない。二十一世紀に生きる現在のわれわれには想像すら出来ない、いわば大冒険である。

また旅費はもとより、京都での生活費を含む遊学の費用は相当のものに上る。留守を預かる家族の絶大な支援があればこそではあるが、一時の思いつきで出来ることではない。学ぼうとするその熱情には息をのみ、粛然として襟を正す思いである。

大河原養伯と荒井真庵の二人は、万治元年～二年（一六五八～一六五九）当時、若松城下の観音堂に住んで、近隣の子弟を教えていた岡田如黙と交流があり、その教えを受けていたので、如黙とも十分話し合いのうえ決断したと思われる。如黙は後に民間出資の学校「稽古堂」の初代の堂主となる。

岡田如黙とは、本名岡田幸免という僧侶であり儒者である。寛永四年（一六二七）九州肥前に生まれ、元禄四年（一六九一）享年六十四歳で亡くなった。二十歳のとき仏門に入り、万治元年（一六五八）諸国行脚の途中会津に立ち寄り、そのまま会津で生涯を送った。横田俊益はその人物と学識に接し、親交を深めていた。

寛文年間（一六六一～一六七二）の始め、大河原養伯と荒井真庵の二人は城下町若松の本二之丁の西端に南面する若松の総鎮守諏訪神社に参拝し、良師を授けられるよう祈願したのち、若松を出発した。途中伊勢大神宮に参拝して同じように祈願し、京都に上った。

柴田甚五郎は、昭和二十一年に発表した論文「藤樹学者淵岡山と其学派、岡山学派の研究」のなかで、その間の消息を「諏訪神社伊勢大廟参拝古文書及諏訪神社由来参照」としているが、残念ながらそれに関する資料を確認できず、詳細はわからない。

京都では諸家の門を叩き、ついに淵岡山に出会う。

淵岡山は、姓は淵、諱《いみな》は惟元、一に宗誠といい、通称淵四郎右衛門、後に岡四郎右衛門、源兵衛、岡源右衛門と称することもあった。元和三年（一六一七）に仙台に生まれ、貞享三年（一六八六）十二月二日、京都葭屋町の学館（学塾）にて逝去した。享年七十歳であった。京都の洛外の地岡山に住まいしたので岡山先生と尊称されたと伝えられている。

正保元年（一六四四）中江藤樹三十七歳のとき、岡山は中川謙叔を介し、二十八歳で藤樹に入門し学んだ。藤樹没後は、延宝二年（一六七四）京都葭屋町に学館を主宰し、同所に藤樹の祠堂を建て、藤樹心学を充実させ、それを後世に伝えるうえで大きな功績をあげた人物である。

当時淵岡山のもとには、幼年より岡山に親しく接しその感化を受け、第一の高弟であった木村難波、古今伝授をさずかり当代最高の歌人であった富松祐庵、岡山に対する質疑の取次をしていた藤尾久左衛門、京都今宮の社人斎藤玄佐、大内玄淳ら多彩な人士がいた。

その活動の一端は、今日『岡山先生示教録』、『岡山先生書簡集』上中下（ともに『中江藤樹心学派全集』に収録）などで知ることができる。

木村難波は、通称惣(宗)十郎、諱《いみな》を勝政という。大坂の町頭尼崎又右(衛)門の弟である。寛永十五年（一六三八）に生まれ、享保元年（一七一六）に七十九歳で歿した。諸生は難波翁と尊称した。今日『難波叟議論覚書』上・下、『難波叟朝起之論』が残されている。後年北川親懿《つねちか》は『藤門像賛』のなかで、「先師の学は、中江藤樹、淵岡山、木村難波の三人により成る」と述べているほどである。(9)

富松祐庵は京都の人で、元禄十六年（一七〇三）九月に歿した。生年・享年は不詳である。常に岡山に侍し、岡山が江戸、会津を経て仙台へ帰郷した際は同行した人物である。

藤尾久左衛門は、京都町家の人で、初め商業を営み富商となったが、後に家業を弟に譲り、常に岡山に随従し、藤樹心学を研鑽した。元禄十五年（一七〇二）七十七歳で歿した。

大内玄淳について柴田甚五郎は論文「藤樹学者淵岡山と其学派・岡山学派の研究」のなかで次のように記している。

大内玄淳は京都の学館および摂津平野郷に土橋友直の創設した含翠堂等で学を講じた学徒である。此人の行跡は世に伝わらず、僅かに近年、陽明学聞書抄等によりて、其の思想の一端を窺い得るのである。佐藤一斎は此の書を読み、玄淳を評して曰く、

「按ズ、玄淳モ亦岡山門人ノ士ナリト雖、今此自述ノ問答数條ヲ読ミテ、其見尤卓絶云々。今此編ニ頼テ借ス。藤樹門人斯人有ヲ見ル。又幸ナラズヤ。」と。

大河原・荒井の二人は、淵岡山およびその高弟に教えを乞い、藤樹心学の研鑽に励むとともに、さらに元政・月潭道澄・陳元贇らその当時一流の文人の知遇を得、教養を深めていった。

さぞ充実した日々を過ごしたことであったろう。

元政は、僧侶・漢詩人・歌人である。井伊直孝に近侍したが病を得て致仕し、出家した。明暦元年（一六五五）洛南の深草に称心庵（後の瑞光寺）を結び隠棲したが、慕い来る門下が絶えず、草山派を形成するに至った。寛文八年（一六六八）に享年四十六歳で歿した。

月潭道澄は、黄檗宗の僧侶である。詩文に優れていた。慶安三年（一六五〇）に出家し、隠元渡来後、そのもとで修学、隠元の歿するまで随従した。元禄七年（一六九四）直指庵二世住職となり、正《しょう》徳《とく》三年（一七一三）同庵で歿した。享年七十八歳であった。

陳元贇は、中国浙江省虎林の人である。元和五年（一六一九）来日、帰化し、京都と江戸を往来して諸名家と交遊した。寛永年間（一六二四～一六四三）には尾張藩主徳川義直に招かれ名古屋に住まいした。書・医薬・菓子などに深い知識を有し、詩も能くした。

淵岡山は、大河原養伯と荒井真庵が、はるばる奥州会津から藤樹心学を学ぶために上京したことを非常に喜び、その熱意を高く評価し、二人を会津からの来客として遇した。

つぎのように述べたと『岡山先生示教録』巻之四に記されている。仙台に生まれた岡山には、故郷に思いをはせる縁《よすが》ともなったのだろう。

諸君たちは千里の道を遠しとせず学館に来られた。この学を学ぼうとするこの志は行き届いたことであり、私自身自己を省みて恥ずかしく思う。まず体を休めいたわることができるよう配慮しているので、かりそめにも病気などにならぬようにされよ。さて諸君が京都に来られたのは、ただ先師藤樹先生の学を尊信されるからである。

先師の徳の広厚なることを愚かなる身ではあるが話しよう。私は中人以下の人間ではあるが偽りを申す者ではない。この私の見解は検討するまでもないことである。ひたすら先師の徳化を朝夕仰ぐのみである。諸君は若いのであるから先師の徳を感得するよう努めよ。(10)

稽古堂の創設

大河原養伯と荒井真庵が、四年におよぶ京都での遊学から帰郷するのと前後して、若松城下では我が国の教育史上、画期的な出来事が起こった。

横田俊益が、我が国初の民間出資による学校「稽古堂」を創設したのである。

俊益が二十七歳のとき自宅で『論語』を講じて以来、二十数年庶民のために行ってきた教育が好学の気風を根強く培って、それがみのったものであろう。

俊益は『大学』・『中庸』の巡講が終わると、折にふれてたびたび市外閑静の地に学堂を創設することを提唱した。それまでは個人の居宅あるいは寺の本堂で講釈や巡講を行っており、誰もが不便を痛感していたのである。

学堂建設の提案はやがて大勢の人々の賛同を得ることとなった。会津藩の家臣や一般庶民数百人が建設費を拠出し、さらに俊益自身が工匠を指揮して、寛文四年（一六六四）閏五月、校舎が完成した。場所は公儀を憚って、若松城外桂林寺町のはずれ、ごく辺鄙な所である。

俊益はそれを稽古堂と名づけ、創設の趣旨を述べた堂記と運営規則を作った。残念ながらその二つとも失われており、今は知ることができない。

完成後、俊益は旧友の岡田如黙を落合村から呼び寄せ、堂主に据えた。岡田如黙は万治三年（一六六〇）からそのときまで、俊益の手配りにより、耶麻郡落合村の西林丘に庵「無為庵」を結んでいたのである。(11)（無為庵は磐越西線会津若松駅の二つ手前、東長原駅から徒歩二十分、耶麻郡磐梯《ばんだい》町大字大谷字落合にあった。）

江戸に居てこの報告を受けた保科正之はこれを喜び、この地を永世無年貢地とし、如黙に対し五人扶持を与えた。

この経緯については、『家世実紀』巻之二十五寛文四年十二月「此年、桂林寺町末ニ稽古堂相建、無為庵指南いたし候ニ付、無年貢地被仰付」の項の割注に、『横田三友先生年譜』と同様の趣旨の記述がある。

稽古堂の創設は、藩校として著名な日新館に先立つこと一三七年であった。

さらに付言すれば、岡山藩の閑谷黌《しずたにこう》の創設に先立つこと四年、しかも藩の力によらず藩士と庶民有志の拠出金によって設立された、我国最初の藩士と庶民のための学校であったのである。

稽古堂はこれまで「会津藩が設立した藩校」として記述されることが多かった。

『近世藩校に於ける学統学派の研究』は、「藩主保科正之、この無為庵を藩の稽古堂とし、士庶をして修学せしめ、如黙をその指南役に当たらせた。十五口俸を給し地税を免ずるなど、藩府の扶助を与えた。これが会津藩学校の濫觴である」と記述している。

文部省編『日本教育史資料』巻三には、「学校　校名　日新館甫《ハジ》メ稽古堂と称シ、元禄三年四月町講所と改称シ、天明八年二月至リ、当時ノ名ニ改ム」とある。

『近世藩制・藩校大事典』は、「正之が寛文四年（一六六四）城下松山《(ママ)》桂林寺町に庵居していた岡田如黙の私塾を藩の学問所に取り立てて、稽古堂と称し、如黙を指南役に任じたのが藩校の起源である」とする。

また高等学校社会科用教科書『詳説日本史』（著作者：井上光貞ほか。山川出版社。一七四頁）には、「将軍家光の弟である保科正之は、山崎闇斎を師として朱子学を学び、藩学《ママ》稽古堂をひらいた」とある。

これら「無為庵を藩の稽古堂とし」、「日新館　甫メ稽古堂と称シ」、「城下松山桂林寺町に庵居していた岡田如黙の私塾を藩の学問所に取り立て、稽古堂と称し」、「藩学稽古堂をひらいた」の記述は、同時代資料である『横田三友先生年譜』と、横田俊益の嗣子横田俊晴の『横田俊晴年譜』および『家世実紀』巻之二十五が記載するところと明らかに相違する。[12]

稽古堂はあくまでも「会津藩の家臣と庶民数百人の拠出金」により「新たに」建設された学校である。「会津藩が設立した藩校」との記述は、創設時に堂主の岡田如黙が五人扶持を受け、さらに稽古堂が元禄元年（一六八八）、藩より学料として五十石の寄付を受けたことからする誤解であろう。[13]

竣工なった稽古堂では、岡田如黙および二、三の諸生が、儒書、詩文、和文、あるいは医学書など、各自が得意分野について、日を定めて講義した。

人々は横田俊益の講釈を強く望んだが、俊益は病身を理由に固辞し続けた。しかし抗しきれず、翌寛文五年九月二日、初めて稽古堂において論語を講釈した。

俊益が藩の意向をはばかって、病身を理由に固辞していたのを家老の田中正玄《まさはる》が聞き、その心配のないことを伝え、強く講釈を求めた。そこで俊益は一月に六回講座を開いて論語を講釈した。講釈の日には、幕府の指示により一時会津に身を寄せていた岡田淡路守、家老田中正玄、松平主膳、そのほか城中の近臣数人、町奉行鵜沼・木村の両氏、および巫女、医師、僧侶、童、農夫、工人、商人に至るまで参集したという。

身分の上下を問わず、講座の規則を守る誓いをし、あらかじめ姓名を登録すれば、誰でも聴講を許された。履物が稽古堂の外にまであふれるほどであった。

「講学の盛んなること、この時にしくはなし」と、後世に美談として伝えられた。論語の講釈は翌年に終了した。

この後横田俊益が再び稽古堂で講釈することはなかった(14)。

ここで稽古堂の創設から日新館設立まで、会津における学校の変遷をたどっておこう。

稽古堂の創設から十年後延宝二年（一六七四）、藩の学問所として「郭内講所」が城郭内に設けられた。これが藩校の初めである。その後藩の講学は衰微し、講所は講所として使用されなくなった。そこで元禄元年（一六八八）講所再興の教令が発令され、藩士およびその子弟らは講所に、町の者は稽古堂で学ぶこととなった。

元禄二年（一六八九）稽古堂は甲賀町に移され、「町講所」と改称され、藩校として取り扱われることとなり、民間出資の稽古堂は名実ともに消滅した。

天明八年（一七八八）町講所は「北学館」と改称され、新たに「南学館」が設けられた。その後文政三年（一八二〇）北学館は「北素読所」、南学館は「南素読所」と改称された。

廓内講所は同じ天明八年（一七八八）に「東講所」と改称され、新たに「西講所」が創設された。享和元年（一八〇一）、この西講所の跡地が整理拡張され「日新館」となったのである。

ちなみに会津若松市は中央公民館と会津図書館を含む生涯学習のための複合施設、生涯学習センターの愛称を「稽古堂」とし、この事蹟を大切にしている。

二　大河原養伯と荒井真庵の帰国後の動き

藤樹心学の指導者

京都における四年におよぶ遊学を終えて、若松へ帰った大河原養伯と荒井真庵は、直ちに岡田如黙、福田良軒らにこれまでの修学の模様を伝え、彼らとともに稽古堂を拠点として藤樹心学の研鑽、講学を続けた。

それまでの講学の内容にあきたらない思いを強くしていた人々は、あい次いで上京し、淵岡山に直接教えをうけた。帰京後は集会を重ね、「いかに生きるか」に悩む庶民に対し熱心に講学を続けた。

その結果、藤樹心学は会津藩家中、城下町若松および北方の庶民の間で、広く学ばれることとなったのである。

藤樹心学を学ぶ者は年ごとに増え、大河原養伯・荒井真庵が帰郷後十七、八年を経た天和二年（一六八二）四月、淵岡山が数名の門人とともに会津を訪れた頃には最高潮に達した。

その年の十二月には『家世実紀』巻之六十三に「ただ今町郷村ともに千人ほどもこれある由」「そ

の人数おおよそ千人にも相及び」と記されるほどになったのである。

そうした状況を当時の指導者の動きからみてみよう。

大河原養伯、荒井真庵は、岡田如黙や北方から講学に参加していた五十嵐養庵、遠藤謙安、東條方秀らと協議を重ね、優秀な若手を京都に上らせ、直接淵岡山の教えを受けさせることとした。

五十嵐養庵は通称覚兵衛、後に養庵と称した。寛永十九年（一六四二）耶麻郡小田付組小田付村に生まれ、宝永五年（一七〇八）六十七歳で死去した。小田付村の郷頭であった。

遠藤謙安は通称庄七郎、諱は玄通、謙安と号した。正徳二年（一七一二）に歿した。生年と享年は不詳である。耶麻郡上岩崎村の村長の後、小沼組の郷頭となった。

東條方秀は幼名を次郎三郎といい、通称は長五郎、諱を方秀と称した。寛永十一年（一六三四）に生まれ、元禄九年（一六九六）に死去した。享年六十三歳であった。耶麻郡熊倉組上高額村の肝煎である。

余談になるが、ここで当時の会津藩村方の行政組織をみることにしよう。

江戸期を通じ、会津藩の村方の組織はつぎのようであった。

郡奉行―郷頭《ごうがしら》―肝煎《きもいり》（一村の長）―地首《じがしら》（肝煎の補助）―老百姓《おとな》―五人組頭―五人組（地主＝本百姓）―水呑
行政単位として、米の生産高約一万石に一組を置き、一組に一人の郷頭を任命した。郷頭は世襲で、組内の各村を統制した。若松城下町に置かれた町方行政の長、町検断《まちけんだん》と対等である。村役人とは、肝《きも》煎《いり》・地首《じがしら》・老《おとな》百姓を指し、会津では地方《じかた》三役と称した。

このように大河原養伯・荒井真庵に藤樹心学の手ほどきを受け、最初に理解者となったのは北方の郷頭・肝煎・城下町若松の町名主であったのである。

さて五十嵐養庵、遠藤謙安、東條方秀の三子に選抜されたのが、後に耶麻郡小荒井の肝煎となった矢部惣四郎である。時に惣四郎は二十歳前後であった。

大河原養伯や荒井真庵に、淵岡山の教示の内容や人柄を詳しく聞いた矢部惣四郎は、五十嵐養庵らの薦めに従い、早速上京し、淵岡山に入門した。

岡山は、二十歳を過ぎたばかりの惣四郎の人柄と聡明さを高く評価し、つねづね「四方に使いして君命を辱めざる者は、会津の惣四郎なり」と述べていたということである。

京都での勉学を終えて郷里に帰った惣四郎は、京都における岡山のもとでの研鑽の模様をつぶさに報告したところ、それを聞いた遠藤謙安・五十嵐養庵・東條方秀の三人は揃って京に上り、岡山に入門した。

東條方秀は三十代半ば、五十嵐養庵は二十代半ば、遠藤謙安については没年が明らかであるのみで生年と享年が不詳であるが、恐らく二人と同年代、三人とも気力充実の年齢である。

その後も三人は打ち揃い、あるいは単独で、さらには東條方秀と遠藤謙安とが連れ立って、たびたび上京し、直接岡山の教えを受けている。

会津からは、矢部、遠藤らのほかにも笈川《おいかわ》の磯部清九郎、塩川の栗村宗助らが上京して岡山に入門するなど、京都の学館で研鑽をつむ者が跡を絶たなかった。

会津から京都まで約二百里、道中の難儀さや、そこでの遊学にかかる費用を考えると、その求めるものに対する情熱は敬服するに値するばかりである。

特に東條方秀は、嗣子方義が十五歳になると京に上らせ、岡山に入門させた。

わずか十五歳の少年を二百余里離れた地に遊学させた方秀の親心はいかがであったろうか。岡山に傾倒する方秀の心根がうかがわれる。方義は岡山に非常に愛されたという。方秀四十五歳のころであった。

大河原・荒井二人に続いて上京し、岡山に直接教示を受け、信頼のあつい矢部惣四郎は、帰郷後まもなく会津耶麻郡小荒井の肝煎となり、行政に携わるかたわら、熱心に藤樹心学の普及に努めた。しかし不幸にして短命で、延宝五年（一六七七）わずか三十一歳で亡くなった。非常に惜しまれた存在であった。

大河原養伯、荒井真庵は、遠藤謙安、五十嵐養庵、東條方秀の三人と協力し、村や町はいうまでもなく、会津藩の家臣村越大吉、村越矩方、落合権太夫らとともに、会津藩家中へも藤樹心学講学の輪を広げていった。彼らは互いに家中、町方、郷方での会合に出席し、研鑽を積んでいる。そこにはいわゆる士農工商の身分差など微塵も感じられないのである。

『岡山先生示教録追加』には、つぎのような記述がある。

六月十四日の夜、（会津藩家臣の）大原六太輔様で会合があり、村越矩方様が朱子、陽明および藤樹の見所について講義なさいました。三日後の十七日、村越様は福良《ふくら》に御泊りなされますので、お暇乞いのため遠藤庄七郎（謙安）殿以下数人が村越さまと一緒に福良までまいりました。このように伊左衛門が書きおいておりますので、村越様は江戸勤番の士と思われます。(1)

貞享二年六月二十五日、会津藩家臣の落合権太夫様、黒河内彦兵衛様、牧原源六様、同じく只右衛門様の四人が、私（遠藤謙安）宅へお立ち寄りなされますので、お供して上高額《かみたかひたい》にまいりました。大勢でご議論なされるのを承り、翌二十六日にはお城の御門までお送りして帰りました。(2)

また『北方三子伝』は、つぎのようなエピソードを記している。

遠藤謙安が壮年のころ、岩崎村の村長であったときのことである。

初秋に若松城下の町御蔵へ年貢を貢納のために行った。岩崎から城下の町蔵までは六里の行程である。その日のうちに御用の件は済み、暮れ方には自宅へ帰った。

食事をしているうちに、「さて今晩はご家中へ会席のお約束をしているのに、忘却して帰ってしまった」と気づき、さっそく支度し、押返し若松へ上り、会席に出席し、諸生と交会し、立ち帰った。岩崎の近くの稲村に着いたときは晩方になってしまった。

（自宅のある）岩崎領分へ着いたころには、夜も明けた。街道脇にたばこを作っている畑があったので、そこへ寄り、たばこに付いている虫を拾い、それから自宅へ帰り、いつものように朝飯についた、とのことである。

一昼一夜に六里（約二四キロ）の道を二度往復し、御用を達し、会席を勤められても、草臥《くたぶ》れた、

疲れたなどと申されることもなく、平日の仕事に支障はなかったと語り伝えられている。(3)
あるとき岡山は会津よりの門人を慰めるために、書院に城宇という座頭を呼び、琴と三味線をひかせた。そのときの教諭が『岡山先生示教録』巻之二に記されており、日頃の示教の一端がしのばれる。その会の終わったあとで、岡山はつぎのように話した。

今宵は音楽を聴いたが、音楽などは君子の楽しむことではないと思って、面白く聞かないとすればそれは誤りである。勿論詳しくは知らないが、君子の音楽に比較してみればそれほど面白いものではないと思うが、このような音楽を面白いとするのが世の習わしであるから面白いことである。たとえば今この都より大坂をみると、大坂ではものを慰めることもないだろうと思うむきもあるだろうけれども、大坂でも心を慰めることがあるというものである。

さて城宇が上手なので思うに、昔から琴は公家がたしなむものとされており、普通の人が琴をひくことはなかった。ところが筑紫善道寺の出と云われる玄桑法水という僧侶が琴を弾くことが巧みで、江戸に下り、自身の宗門のことは脇において、人々に琴を教えた。以来琴は世の中にもてあそばれ、だんだん上手な人が現れるようになった。

通し矢なども、初めは十矢通すのが精一杯であったが、みなが通し矢を重ね二百、三百と通すようになった。今では星勘左衛門という者が八千筋通したということである。これらはみな上手になりたいと励むからである。そのほかの諸芸も抜群に上手になった。

これをみて思うに、わが道の修行においても、聖人はさておき、少々の君子には近づけると思い、君子になろうと努力すれば上達することは疑いがない。しかしわれわれは君子を手の届かない高遠な人に思い、及び難いことと卑下するので、努力を怠りがちである。聖人といえども世の人と格別に変わりはないのである。孔子は大聖でおわしますが、東家の丘といわれていたこともあるのである。ただこのような話は初学の人には悪く、これを聞いてはかえって害となるだろう。(4)

大河原養伯、荒井真庵、東條方秀、五十嵐養庵、遠藤謙安ら、京都で直接岡山に教えを受けた諸生は、会津に帰ってからも岡山および木村難波、藤尾久左衛門、富松祐庵らと頻繁に書簡を往復させ、教示を受けた。

それら書簡の一部は『岡山先生示教録』および『岡山先生書簡集』に収められて、今日に遺されている。

『家世実紀』巻之六十三天和三年（一六八三）十二月二十七日の項および『家世実紀』巻之六十七貞享二年（一六八五）十二月廿五日の項には、当時の藤樹心学の指導者が記されている。

まず家臣のなかでは「心学の師を仕る者」として、御書物預役村越大吉と儒者蓮沼儀右衛門を挙げている。

さらに、寛文三年（一六六三）から延宝四年（一六七六）まで十三年間家老を勤めた友松氏興はじめ、郡奉行木村忠右衛門・郡奉行宮本儀左衛門・公事奉行樋口勘三郎・公事奉行有賀文左衛門・井坂清左衛門・山川玄周・籾山貞右衛門・内藤勝左衛門・吉村権之丞・氷見善三郎など、そうそうたる人物を指摘している。

民間の藤樹心学指導者としては、城下町若松では荒井彦兵衛・荒井信庵・大河原良伯・長谷川了仙・角田四郎右衛門、北方においては伝兵衛・徳右衛門・甚十郎・儀兵衛（小荒井村）、清右衛門（熊倉組郷頭）、勘太郎（小田付村郷頭）・角兵衛・弥五兵衛（五目組郷頭）父子、長五郎（高額村）・岩崎村の惣七（岩崎村）・利兵衛（下勝村）・治兵衛（京出村）を挙げている。

このほか若松城下の山田寿齊・玉井雪庵・森川宇兵衛は、身内の葬儀を仏式によらず、儒式で行ったとして名前がある。

これらのうちいく人かは別として、他資料による人物の比定はほとんど不可能であるが、相当の人数であり、その活況さが伺える。

この記述とは別に、『藤門像賛』落合権太夫の項によると、当時活躍した会津藩家中の士として、落合権太夫（公事奉行）・伴清左衛門・一柳某・大原六太輔・黒河内彦兵衛・牧原源六・牧原只右衛門・村越七右衛門がいる。

中江藤樹の祠堂と学館の建設

延宝二年（一六七四）、淵岡山は今後さらに中江藤樹の心学を深め、広く普及し、後世に伝えるために、中江藤樹を祭る祠堂とその拠点となる学館建設を決意し、各地の門下生に協力を求めた。会津の藤樹心学指導者たちはこの企てに賛同し、全面的に協力した。

祠堂と学館が完成してからは、後年天明八年（一七八八）学館が類火により焼失するまで、会津北方はその維持になみなみならぬ努力をするのである。

延宝二年十一月二十八日、淵岡山は葭屋町と徳屋町にまたがる稲葉右京亮の屋敷跡を十五貫三百目で買い取った。岡山が浪人であるため、手続き上桑名屋八左衛門名義としたので、権利関係で後日問題とならないようにと、関係者が淵岡山に対しつぎのような「京都学館渡証」を差し入れたと、『北川親懿雑記思案録抄』にある。関係者の細やかな配慮である。

京都学館渡証

京都葭屋町徳屋町、稲葉右京亮殿の御屋敷が払い出されたので、延宝二年十一月二十八日、岡源右衛門（淵岡山）殿が価格拾五貫三百目にて買い取られました。岡殿は老（浪）人ですので、町の手続き等のことから、桑名屋八左衛門の名義といたしました。

後日、八左衛門そのほか、この連判の者どもの屋敷と申すことはまったくないことは、実正明白です。右の屋敷を調達なされたとき、源右衛門殿には銀子が不足でしたので、おのおのが合力申しあげました。その記録を左に記します。他日苦情が起こっては見苦しく思いますので、相談の上この一札を認めます。(5)

以上

延宝二年寅霜月廿八日

桑名屋八左衛門・木村惣十郎・久野伊右衛門

田中全立・片岡半平・斉藤玄佐・藤尾久左衛門

岡源右衛門殿

十五貫三百目　屋敷代　二貫四百六十七目　両町の儀出銀　〆十七貫七百六十七目　うち　三貫目　江春　二貫三百目　八左衛門　二貫目　伊右衛門　二貫目　玄佐
一貫目　惣十郎　七貫四百六十七目　源右衛門

屋敷の買取りの費用は十五貫三百目であるが、葭屋町と徳屋町に支払うべき金額が二貫四百六十七目あり、総費用は十七貫七百六十七目であった。そのうち岡山自身が用意できたのは七貫四百六十七目である。

このほか学館の運営費として三百両が用意された。うち百五十両は学館の臨時の費用にあて、残り百五十両は年二割の利子で貸し付けることとした。

このとき江戸が十一両、伊勢が七両、石見が三両、肥後が二十三両を拠出している。会津は江戸と同額の十一両を拠出した。肥後の二十三両は他を凌駕した金額であるが、肥後熊本においても、当時藤樹心学が熱心に学ばれていたことを示すものである。

岡山が学館と祠堂の建設に並々ならぬ情熱を傾け、門下の諸生がその意義を深く理解し、協力したことがうかがわれる。

この学館について五十嵐養庵はつぎのように述べたと、北川親懿はその著書『北川子示教録』に記している。

先師（中江藤樹）の道は二十四か国へ伝わったとのこと、学ぶ者が何千人になったか分からないほどである。それぞれの国で切磋講論されている。

しかし、神道、儒学、老子、荘子を学ぶ者があり、または儒学にも朱子学を信ずる者があり、三輪学という陽明学の系統がある。伊藤仁斎が堀川学という古学を唱えているし、また徂徠学などと、いろいろ学問の系統があるので、後世になると他学の系統が当学に紛れ込み、先師の学がそれぞれの国で違うようになるおそれがある。

扇子の骨に続く地紙《ぢかみ》は諸国、扇子の要《かなめ》は京師の学館である。であるから得道の人を要である学館の館主に据えて、地紙の国々より骨々を頼って要へ出て、大道を評論、講義し、互いに切磋する時は、当学は天下にゆるぎないものになる道理である。また京師へ出ることがかなわない者は、書信により教示を受けることができる。

学館を設けることは、岡山師が千年百年の後を深くご思慮なされてのこと、まことに有り難いことに思われる(6)。

後年、養庵はこの学館の維持費捻出のため東奔西走し、北方の熊倉に心学蔵と名づける質屋を経営し、その利益を維持費に充当するシステムを実現するのである。

またこの学館について北川親懿《ちかよし》自身は、『北川親懿翁雑記思案録抄』のなかで、つぎのように述べている。

この学館は岡山先生が聖学を基本として藤樹の道を後世綿々として永久に伝わることを願われて設けられたもので、諸生を集めて学脈を教授なされたところです。

四方の同志は聖学を信じ、これを仰ぎ、学館に来て教えを受け、学んで、平日聖経賢伝を講明し、

心術躬行、議論切磋の努力を怠らず、岡山先生御在世のうちに、藤樹の学は二十四か国へ伝わったということです。(7)

淵岡山の会津訪問

天和三年（一六八三）三月、淵岡山は田中全立や富松祐庵らを供として、出生地仙台へ向けて奥州旅行に旅立ち、途中会津へ立ち寄った。『家世実紀』巻之六十三「天和三年十二月二十七日」の項には、「四月十八日会津着、五月二日去る」と記されている。

岡山一行は、四月十八日に若松城下に入り、会津藩の元家老友松氏興ら藩士や、大河原養伯ら藤樹心学の指導者と交流を深め、五月二日若松を発って塩川を経由して北方に着いた。

北方では上高額村の東條方秀宅に止宿し、門人の指導をし、その後米沢街道をたどり、五月十七日に米沢に着いたということである。北方からは遠藤謙安、東條方秀、矢部甚五郎（矢部惣四郎の弟）らが岡山たちに同行した。

岡山は、若松および北方で大歓迎を受け、会津における藤樹心学はこのときに最高潮に達する。ことに当時会津藩の家老職を辞して四年の友松氏興とは肝胆相照らす仲となった。

『北川親懿翁雑記思案録抄』には、つぎのようなそのときの挿話が残されている。

（岡山先生が）若松にご滞在中、近くの住吉川原において乱火打ちがあったということである。ある人が当時の家老友松勘十郎氏興殿の家に参り、「昨夜住吉川原にて乱火打ちがあり、京都より来た心学者も見物に参りましたと物語りしたところ、氏興殿はそれを聞かれ、「いや、心学の棟梁は見物には行っていないはずである」と、述べられたということである。はたして岡山先生はお出でなされなかった。門人のうちには出かけて行って見物した者もあったそうである。まことに君子は、互いに言行一致であると伝わっている。その節に氏興氏が申されたことは、「君子が入国されたときは、それに相応しい式礼をもって遇するべきであるが、岡山先生が入国されたことをお上においてはご存じなく、そのような扱いでなかったことはまことに残念なことである。」と述べられたという。(8)

藩主正容は十五歳、家督を継いで三年目で江戸にあり、筆頭家老井深重光も次席家老柳瀬正真も、ともに江戸詰であった。したがって家老保科正興が領内における藩政の責任者であった。保科正興はこの年十二月に出された心学制禁令の発議者であり、はからずも教養の浅さを露呈したかたちである。『北川親懿翁雑記思案録抄』には、岡山に同行した富松祐庵と友松氏興との間のつぎのような挿話が残されている。

岡山に同道している門人に富松祐庵という歌人がおり、富松も氏興もともに正親町全道の門人で、古今伝授を受けた歌人であるので、氏興が、

君ならてたれにか問ん古への道を学へる人ならすして。

と詠みて、富松祐庵に渡したところ、富松は鸚鵡《おうむ》返しに、

君ならてたれかは問ん

と、答えの歌を贈ったということである。(9)

北方では郡奉行、代官ともに岡山の講学に参加、諸生は岡山を大歓迎し、その示教に聴き入ったという。また旅の疲れを近くの熱塩温泉で癒すなど、淵岡山にとって会津での一月ほどの滞在ほど楽しいことはなかったであろう。

その後一行は五月十七日に米沢に泊り、十八日には上《かみ》ノ山に着いた。上ノ山には、長禄年間（一四五七～一四六〇）に、月秀上人が脛の傷を湯に浸している鶴をみて発見したと伝えられる鶴脛ノ湯がある。岡山の一行は江戸期に栄えたというこの鶴脛ノ湯温泉で、しばし旅の疲れを癒したことであろう。

一行は翌日笹谷街道をたどり、十九日川崎に泊り、二十日の十二時過ぎに、仙台国分町の新井庄左衛門宅へ着いた。(10)

『北川子示教録』によれば、これらのことは北川親懿が所持する遠藤謙安自筆の覚書によるもので間違いないとわざわざ断っている。

岡山はこの三年後に七十歳の生涯をとじるのである。

保科正之の儒学重視の姿勢

寛文年間から延宝、天和と続く約二十年間の藤樹心学受容の状況を見てきたが、その間の会津藩の動きはどのようであったか。

藩祖保科正之の好学の精神が、藩の治政を通じて家中はもとより領民にまで浸透していくのである。保科正之は、承応元年（一六五二）四十二歳のとき『小学』を学び、一大転機を来たし、従来の老子と仏教の書から離れ、深く朱子学を信奉するに至った。

明暦二年（一六五六）横田俊益を、翌三年には儒者で神道家の服部安休を召出した。服部安休からは『性理大全』を、横田俊益からは『詩経』三百篇の進講を受けている。『性理大全』とは中国明の永楽一三年（一四一五）胡広らによる奉勅撰である。程朱を中心とした宋の儒者およそ一二〇人の心性論に関する学説を集めた性理学全書である。

保科正之はその後も儒者をつぎつぎと召し抱えた。

小櫃素伯、松原素庵（万治三年―一六六〇召出）、有賀満辰（寛文五年―一六六五召出）、谷宗卜（召出時期不詳）、後藤松軒（寛文十一年―一六七一召出）、大森固庵（寛文十二年―一六七二に召出）、福田良庵、佐治宗軒、山田宗悦、内藤良斎、斎院春意らである。

さらに保科正之は寛文四年四月、山崎闇斎を賓師として、他の儒臣とは異なる特別の礼遇をもって招聘した。その任務の主要なものは、儒書の進講にあった。『家世実紀』はつぎのように記している。

山崎闇斎（加右衛門）はもと播州山崎の人で、初めは僧侶となり、京都妙心寺に住まいし、後に野中兼山・小倉三省について儒学を学び、朱子学を講学し、京都において儒学を教授していた。

このたび江戸へくだったので、招聘された。小山勘解由殿を招き、四月八日初めて論語の講釈を聴聞なされた。その後時々お召なされ、講習遊ばされた。

本年九月二十六日、闇斎が京都へ上ったときには、闇斎へは金子百両・御小袖二着・御羽織一着、闇斎の父へは小袖二着・銀子五枚、母へは小袖一着・銀子三枚を下された。これ以来出府の都度殿（保科正之）のお相手を仰せつけられ、帰京の節はいつも同じように下された。(11)

保科正之は、寛文五年以降各種の書を編纂した。

寛文五年（一六六五）、『玉山講義附録』三巻。寛文六年（一六六六）、『会津風土記』一巻。寛文八年（一六六八）、『二程治教録』二巻。寛文九年（一六六九）、『伊洛三子伝心録』三巻。寛文十二年（一六七二）、『会津神社志』一巻。

山崎闇斎はこれらの書の編纂事業に深くかかわり、『二程治教録』および『伊洛三子伝心録』については「序」を撰している。

会津藩では『玉山講義附録』、『二程治教録』、『伊洛三子伝心録』の三書を「三部書」と称し、会津藩教学の指導原理の書として最も重要視した。後の藩校日新館の重要教科書であった。さらにこの「三部書」に『会津風土記』と『会津神社志』を加え「五部書」と称した。

藩祖保科正之は、寛文十二年（一六七二）十二月に死去し、その三年前寛文九年（一六六九）四月に正之の嗣子正経《まさつね》が家督し、二十四歳で二代目の藩主になった。

正経は、延宝二年（一六七四）正月、家老や奉行など執政が寄合日に集まって諸政の協議をする、会津藩における政治の中枢ともいうべき会所に、『論語集註』・『孟子集註』・『大学章句』・『中庸章句』・

『易経本義』・『書経集註』・『詩集傳』・『礼記集説』・『春秋胡氏伝』・『近思録』・『小学』・『梁玉篇』・『武経七書』・『三重譜』・『十八史略』を江戸で調達し備えた(12)。儒学奨励の方針を明確に示したのである。

三　藤樹心学御制禁

藤樹心学制禁令の布告

淵岡山の会津訪問により最高潮に達した観のあるなか、藤樹心学を学ぶ者たちは、天和三年（一六八三）十二月二十七日、突然発令された会津藩による「心学制禁令」の布告に驚愕した。今後は藤樹心学を学ぶことを禁止するというのである。

『家世実紀』巻之六十三「天和三年（一六八三）十二月廿七日　心学御制禁」の項にはつぎのようにある。

近来心学を学び、その類は多く徒党を組み、密かに集会し、その類のうちに死者あるときは、通常の葬儀に代わり、仏教を離れて弔い、葬事は一切僧侶にまかせないということを概略聞いている。御大法を畏れ慎まないこのような所行は、非常に不届きな振る舞いである。自今以後は制禁である。侍はいうまでもなく、町在々に至るまでこの趣旨を承知し、心学を学ぶことを堅く止めるように。

同時に諸寺院へ申渡す。その宗旨の檀徒が遺骸を寺中の墓所へ送ってきても、寺院の引導を受けない葬いは遺憾であるので、断りを伝え、寺中へ入れず、その旨を寺社奉行所へ訴えるべしと仰せ出だされる[1]。

なぜ藤樹心学を学ぶことを禁止したのか。

先行論文は、会津藩が藤樹心学を禁止した理由をつぎのようにとらえている。

「……会津藩教学と相容れず、禁止を命ぜられる……」（「会津藤樹学と農民意識」庄司吉之助）

「民間に発達した藤樹学は一時藩をして禁止させるほど反藩学的なものであったが……」（『福島県史』第二一巻・山口孝平）

「（一）この派の盛況を快からず思う者、（二）幕府の政策である仏教を拒否することに対して反感を持つ者、特に仏教徒、（三）朱子学的なものなどがこれに反対し、（四）藩としては、幕府が由井正雪以来集会を開いて徒党を組む者の出ることを警戒している手前もあり、また会津が謹慎を命ぜられた山鹿素行の出生地である関係もあり、……」（『中江藤樹伝及び道統』後藤三郎）

「……仏法を忌み仏壇をこわし施僧の営みをしないためとあるが、実際は家老保科民部が、藤樹学の流行することを恐れ、町奉行野村政芳に命じその復命によって禁じたという。……儒者横田の排仏と藤樹学の排斥が表面化したといってよい」（『近世民衆思想の研究』庄司吉之助）

「天和元年《ママ》辛酉の年、……（淵岡山は）会津学徒に迎えられて若松に赴き、千餘名の学徒に歓待せられて斯学を講談し大に感化を与へたやうである。……此事が会津藩の問題となり所謂心学事件を惹起

し、天和三年十二月廿七日心学禁止の令が発せられ……」（「藤樹学者淵岡山と其学派、事蹟の研究」柴田甚五郎）

「この学派が『党を結び密密相集』まることが『大法を憚らず……不届なる仕方』として……禁止されたが、……」（『日本陽明学派の研究―藤樹学派の思想とその資料』木村光徳）

このように論ずる理由はさまざまである。藤樹心学が「会津藩教学と相容れず」「反藩学的なもの」として捉えられたとか、あるいは「朱子学的なものがこれに反対」、さらに「儒者横田の排仏と藤樹学の排斥が表面化したもの」などとみるのは、分かりやすい理由づけではある。

『家世実紀』の記述はいささか込み入っており、分かりにくいが、同時代資料である『横田三友年譜』をも併せ仔細に検討すると、それとは異なった様相が浮かびあがってくるのである。

この年譜のなかには心学制禁令の布告についてつぎのように記されている。

十二月二十七日心学制禁令が公布された。かつ葬祭はみな僧侶によらなければならないことを示すものである。俊益はその布告文を見て大変不愉快に思った。

人はみな次のように云う。「土津神君（保科正之）は周・程・張・朱の学を学び、晩年に唯一神道に帰依された。」と。であるから陸象山・王陽明の学（陽明学）を禁ずることは当然である。もし陽明学を禁止して朱子学を崇ぶと云うならば大正解である。どうして僧侶の心をますます驕慢にさせるのだろうか。考えてみるに、これは妖僧が奸臣と共謀したことであろう。

ある日元家老の友松氏興が俊益に云った。「心学を禁止するとの勢いはこのようである。太い綱の網を繞《めぐ》して、多くの魚を籠に入れひとまとめにするようなものである。以前卿らが儒礼を行ったとしても、今は危険である」(2)

ここに云う奸臣とは当事者の家老保科正興や奉行山田武兵衛を指しており、罵っている。またこの年譜からは、横田俊益が藤樹心学排斥に動いたとは読み取ることができない。

真相は、寺請制度を楯として強大な権力を手にした仏教側の神道、儒学排斥の動きと、藩内の執政家老保科正興排斥の動きが民部正興をして藤樹心学制禁令を布告させたのである。

以下会津藩が藤樹心学を禁止するに至った真の理由を明らかにしよう。最初に仏教側の動きを、次いで心学制禁令を主導した執政家老保科正興の立場を検討し、真相にせまる。

制禁令布告の伏線

会津藩では、初代藩主保科正之が神道に帰依し、さらに朱子学を深く学んでおり、寛文十二年（一六七二）死去の際も、遺言により自らの葬祭を神道により執り行わせたため、寺請制度の徹底に欠けるきらいがあった。

領内では仏教に依らない葬祭を行う者が目立つほどになり、寺院僧侶の側には強い不満が起こっていた。しかも正之の跡を継いだ二代藩主保科正経は仏教を信じ、天和元年（一六八一）死去したときは仏式による葬儀を行わせている。

ちなみに会津藩では初代藩主保科正之《まさゆき》から正経《まさつね》・正容《まさかた》・容貞《かたさだ》・容頌《かたのぶ》・容住《かたおき》・容衆《かたひろ》・容敬《かたたか》・容保《かたもり》と続く九代の藩主のうち、仏式による葬儀を行ったのは二代藩主正経ただ一人で、他は全て神道により霊号をもって祭られているのである。

そうした流れのなかで、藤樹心学御制禁の前年、天和二年九月、遠山半三郎が保科正之の側近であった父遠山故犬の遺言にしたがい、葬儀を神道により執り行った。導師は若松の総鎮守諏訪神社の宮司宮内少輔《くないしょうゆう》がつとめ、保科正之の霊を祭る見祢山社の社司西東蔵人が参加した。

これに対し大宝山建福寺の住職黙堂は大変立腹し、寺請制度によって裏打ちされた強大な権力をかざし、遠山半三郎に対し、すでに渡してある寺請証文の返戻を強く要求した。

さらにその上、「遠山半三郎は耶蘇の疑いなきあたわず」として、遠山半三郎および協力者宮内少輔と西東蔵人を藩に告発した。

告発を受けた三人は猛烈に反発し、「神道の葬祭をした者は耶蘇の疑い、とは何ごとぞ。藩祖保科正之公を耶蘇というのか」と、それぞれ抗弁の上書をした。

建福寺には、初代藩主保科正之の養父正光の御霊屋があり、また二代藩主保科正経の墓所でもある。藩主家にとって、最も関係の深い寺の住職黙堂からの訴えである。軽々に扱うわけにはいかない。

ときの執政、家老保科正興と奉行山田武兵衛は、当事者双方の言い分を検討し、ほぼ建福寺住職の主張にそった結論を下し、江戸詰の家老井深重光と柳瀬正真に申し送った。

両人はその結論を持って、当時、藩主保科正容の後見役の任にあった老中阿部正武のもとへ参上し、

事件の概要を報告し、決裁を仰いだ。(3)

この時期会津藩では、領内の仕置きについては国元の家老が奉行と協議し、成案を江戸詰の家老へ送付し、会津~江戸間で書簡を往復させ、最終決裁案を作成する。それを殿様の「お耳に達し」たのち、老中阿部正武の決裁を得て、最終決定する仕組みであった。

藩主正容は十四歳、まだ元服前であるので、阿部正武が後見していたのである。(4)

阿部正武は保科正興の具申通り「遠山半三郎は閉門、宮内少輔および西東蔵人は蟄居」の裁決を下した。

この裁決が示していることは、「すべての者が例外なく寺請証文を取得しなければならない。寺請制度を徹底しなければならない」ということである。

しかしこのときはまだ奉行であった西郷近房が再度両者の主張を検討し直し、この裁決に猛烈に反対したために、申し渡しは行われず裁決は店晒しにされた。

一方保科正興はどうであったか。それには保科正興と西郷近房との関係、正興の置かれた立場と心情を見て行かなければならない。

保科正興の祖父保科正近は、初代藩主保科正之の養父保科正光の従兄弟にあたり、高遠藩の家老を勤め、正之が養嗣子になったときから御付家老であった。正之が山形を経て会津入部のときは、若松城受け取りの役目を果たし、家老の上の桂枝(後の大老)となる。知行は四千石であった。

正近には娘が二人いて、それぞれ西郷房成と沼沢吉通に嫁いだ。正近の嗣子正長には子がなく、西郷房成の嫡男近房を養子にし、保科正長の家督を継がせた。正長の遺禄千二百石は近房が相続した。

正興は、正長の遺腹、つまり正長の死後に生まれ、近房に育てられた。正興が十五歳になった寛文三年（一六六三）、近房は元服した正興に正長の遺禄千二百石を返却したい旨願い出て聞き届けられ、正興が千二百石を相続した。近房は五百石で新規召し抱えとなり、保科から旧姓の西郷にもどった。西郷近房である。(5)

その後正興は、寛文七年（一六六七）家老の見習い役である若年寄、同十二年（一六七二）には御用見習と、昇進を重ね、奉行職を経ずして延宝三年（一六七五）十月、二代藩主正経によって、わずか二十七歳にして家老職を命ぜられた。次いで翌年延宝四年加増されて二千石を給された。元禄二年

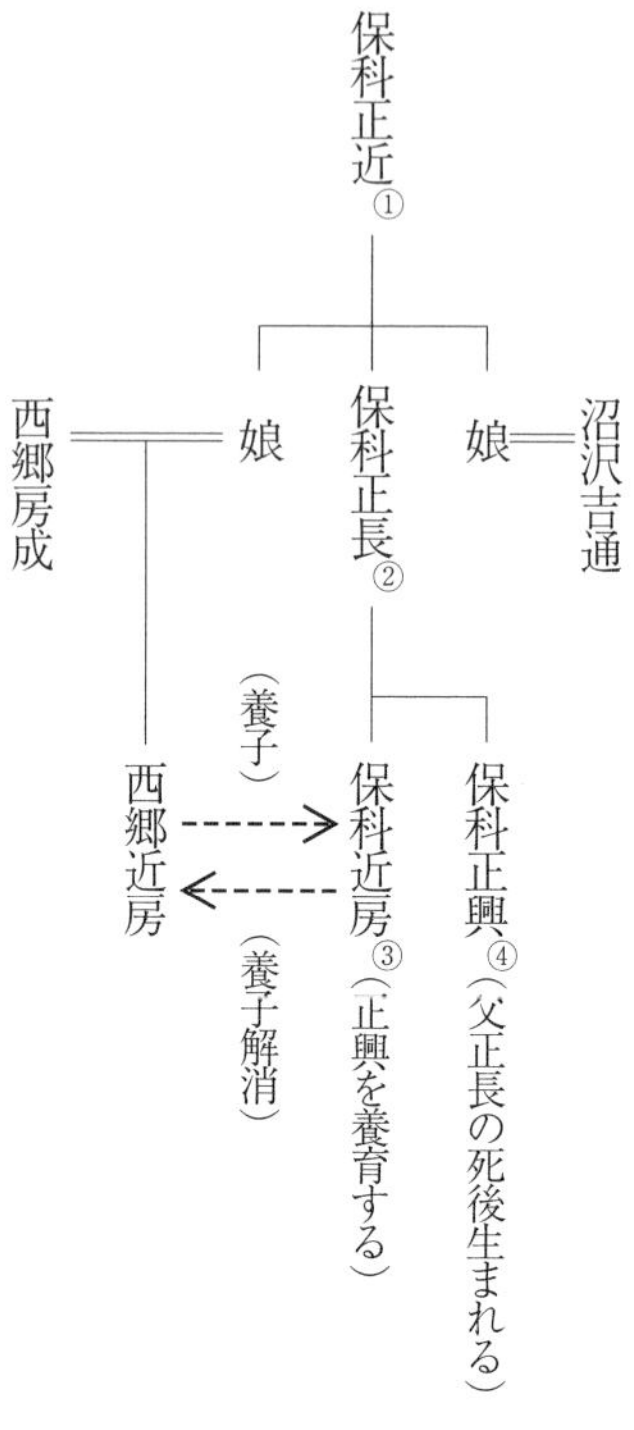

（一六八九）には、それまで十六年間空席であった大老に就任し、元禄一四年（一七〇三）までその任にあった。

二年後延宝六年（一六七八）九月、保科正之の側室でのちに継室となった、正経の生母おまんの方（保科正之の死去後、落飾して聖光院と称された）の意向を受けて、正経は正興に対し、おまんの方の姪で養女でもある藤木織部の女との婚姻を命じた。これによって正興は、藩主正経と義理の兄弟となったわけである。

さて天和元年（一六八一）十月二代藩主正経が死去し、初代藩主正之の六男正容が三代藩主になるに及ぶと、保科正興の立場は一挙に微妙になってきた。

これまで聖光院が藩主正経を介して藩政に容喙するのを苦々しくみていた藩の重臣たちに、その影響を排除しようとする動きがあり、その一派の領袖と目されていた保科正興の失脚が狙われ始めていたからである。

聖光院の勢力を一掃しようとする動きを察知した保科正興は、持病の痔疾が悪化して執務に耐えられないとの理由でお役御免を願い出た。建福寺住職黙堂と遠山半三郎等の事件について裁断が下される一か月まえの天和三年八月のことである。

しかしこの嘆願は、江戸詰めの家老井深茂右衛門と柳瀬三左衛門が協議のうえ、「お取り上げこれなし」とした。病気というよりも、保身のため一時身を引きたいという意図が見透かされたのであろう。さらに筆頭家老としての序列の降格をも願い出たが、それも却下された(6)。

こうしたなかで黙堂と遠山半三郎の争論についての裁断が下されたのである。その裁断について前述のように病気から復帰した西郷近房が反対し、申し渡しは棚上げになっている。

このような状況のなかで藤樹心学制禁令の布告を主導したのが国家老保科正興である。

当時家老職にあったのは井深重光・柳瀬正真と保科正興であったが、井深と柳瀬は江戸常駐であり、藩政は保科正興が担っていた。

その少し前、同年三月二十二日には、赤羽市右衛門が奉行に就任し、会津における執政、いわゆる加判の者は、家老保科正興、奉行は西郷近房、山田武兵衛と赤羽市右衛門の四名となった。ただし西郷近房は病気で会所には出ていない。

一方、この年の四月十八日から五月五日まで淵岡山が会津に滞在、会津藩家中、町郷村の庶民より大変な歓迎を受け、藤樹心学は最高潮に達していた。

また、藤樹心学を学ぶ者のなかには、仏式によらず、儒式により葬儀を行う者が増えており、藩がそれを黙認していることに対し、寺側の非難が強くなっている。

足元がゆらぎはじめている保科正興は、幕法を厳格に執行しないと国元の執政として大きな瑕疵になると、奉行の山田武兵衛と協議し、改めて寺請制度の徹底をはかることとした。

そして家中の藩士に対しては、年初に提出させている、「宗旨証文」を藩士全員漏れなく提出するよう、厳重に通達した。さらに心学を学んでいる者が仏徒を離れ、儒式による葬儀を行うことを禁止した。

そして家老保科正興が自己の立場をより強固なものにするために行ったのが藤樹心学制禁令の布告であったのである。

建福寺住職黙堂と遠山半三郎らの争論の決着はどうなったのだろうか。申し渡しがなされたのは先の裁断から十か月後の翌年七月であった。

老中阿部正武は西郷近房の主張を認め、改めて次の申し渡しをした。

> 黙堂が遠山半三郎を訴えたのは行き過ぎである。寺請証文は半三郎が檀那を離れる以前に出し、その後檀那を離れたことは明白であるからその通りに指し置く。遠山半三郎については不注意なる振る舞いで不届きではあるが、遠慮（軽い謹慎刑。居宅での蟄居）は免除する。
>
> 宮内少輔については自身が死者の導師であるとしても、訴えの趣旨は行き過ぎであり宥免する。今後慎むように。
>
> 西東蔵人については、訴えを起こしたことは不届きであるが宥免する。今後慎むように。(7)

この裁決が示達された黙堂は納得できないとして江戸に上り、阿部正武を訪ね、家臣中村源右衛門に訴えたが聞き入れられず、結局建福寺の住職を離れた(8)。

寺請制度の厳格な施行については神道の側だけではなく、儒者も激しく反発した。少々余談になるがその例を横田俊益にみてみよう。

延宝八年（一六八〇）八月十二日、横田俊益は当時まだ奉行であった西郷近房の居宅を訪問し、宗旨証文について意見を交わした。西郷近房はつぎのように話した。
「宗旨証文の令は、天下全体のことであって、遠近や風俗の違い、富者貧者による適用の違いはないことである。私は身分の賤しい身でありながら、わが道を貫きたいと思っている。しかしその願いは難しい。たとえば細い針をもって堅い石を刺すようなものである。ひたすら切に望むことは陰儒陽佛、かげで儒教を信じ、おもてむきは仏教に帰依するようにし、この状況に合わせることである。」と。

これに対し俊益はつぎのように反論し、上書した。

「私は耶蘇を禁止するとは聞いても、正しい道を禁ずるとは聞いていない。であるから決して政令に違反することとは思っていない。内心思うことは、すべての人に寺請証文を出させることは正しい道が沈み隠れて異教（仏教）だけが行われるということである。私自身は身分の賤しい身ではあるが、正しい道は太くて貴い。どうして自らを省みることがあろうか。願うことは義と不義のことのみである。奉行（西郷近房）の言葉などは道義をおもんぱからないで、利害を計算しているのである。(9)」

同年九月二十二日、藩主正容より俊益に対し、「このたびの宗旨証文については、汝の信ずるところに従ってよろしい」との通達がなされた。俊益は大層喜んで、寺請証文を寺院に求めない旨を書して藩庁に提出した。ただし妻と使用人は別である。

このときともに寺請証文の提出を免除された者は、家老の友松氏興・福田良庵・斎院春意である。(10)

保科正興と執政間の動き

保科正興は、心学を学んでいる徒が、仏道を離れ、葬祭一切を僧侶に依らず、儒式によって行っているということは、現在どの筋からも訴えがあるわけではないが、看過できないとして、奉行山田武兵衛・赤羽市右衛門と対応を協議した。そして実状を町奉行野村久兵衛に尋ねることとした。この時期、西郷近房は病気で会所に出座していない。

町奉行野村久兵衛が奉行山田武兵衛宅に参り、「心学について少々申上げたい」と申し出、概ね事情は把握しており、覚書にしていると、つぎの書類を提出した。

大要は仙台浪人岡四郎左衛門と申す者が、本年四月十八日当地へ参り、五月二日に帰りました。この者は心学を学び教える由、ことのほかはやり、弟子も町中に数多くおります。その教えは理学で、普段の行いを磨くことであり、悪事には思えません。しかし人目を忍び、夜分に集会を行い、その集りを静座と名づけ、慮知意念などの言葉をもって、日頃の心持や、朝夕の行いの善悪を指摘し、互いに研鑽し、その中で学力ある者は四書を講釈し、あるいは男女の心に入るよう孝経をわかりやすく教え、それを心学と申しております。熊《ママ》沢とかいう者の著書新書一巻に基づき、さらに同人の著書翁問答という五、六巻の書、春風という書も同人の著書ということですが、また女性の書物として鑑草という古書に書き入れした書物などをもって、男女の心を和らげております。その書物や講義でも、仏道を破り捨てることを基本とし、専ら忠孝を奨励し、明徳を明らかにすることは、天命に叶うことであり、古より男女にあることと読み聞かせ、語り聞かせ、この類の書籍は四、五冊もあるということです。これらはみな悪心を捨て、善心を願うことで、悪いこととは申せません。

しかしながら人王の御代よりある仏道を削り捨て、死人を葬る葬祭を調える決まりとして魚鳥を用意することは仏道と異なり、全く理解できず、新しい動きです。町中でも父母兄弟妻子などが亡くなったときは、この通りに葬ります。とりわけ心学を学ぶ者は、先祖の位牌を安置する持仏堂をなくす程に大変流行しており、ただ今町郷村で千人程もいるということです。

そのうち指導者は、町では荒井彦兵衛・同信庵・大河原良伯・長谷川了仙・角田四郎右衛門、郷村では小荒井村伝兵衛・徳右衛門・甚十郎・儀兵衛、熊倉組の郷頭清右衛門・小田付村の郷頭勘太郎・同村角兵衛、五目組の郷頭弥五兵衛父子、高額村長五郎・岩崎村惣七・下勝村利兵衛・京出村治兵衛等です。専ら心学を学んでいることは紛れもありません。

そのうえまた薬種屋森川宇兵衛は、かねてから心学を学んでおりましたが、本年十一月頃に妻が亡くなったとき、心学を学ぶ者が集まり、その葬儀の仕方は、二日間遺体を家のなかに置き、魚鳥を備え、弔いの仕方を僧侶に任せず、檀那寺である本覚寺へ葬りました。また二十一日の間に、弟が亡くなりました時も、同様に葬ったということです。

そのほか桂林寺町の山田寿斎は、父が亡くなった節仏教とは異なった弔いをし、死後の祭り等も普通と違い、勿論その所行も一般人と違うという噂です。そのほか玉井雪庵も所行が世間と異なり、そのうえ実母病気の時や葬いの様子が普通と違っていると評判です。仙台でも、家中町郷村ともに心学を学んでおり、そのうえ五代藩主伊達綱村様も心学を学ばれていましたが、今年の夏の頃より御捨てなされ、仏道を御執り行っておられるとのことです(10)。家中においても先の家老友松氏興・郡奉行木村忠右衛門・宮本儀左衛門、公事奉行樋口勘三郎・有賀文左衛門ほか井坂清左衛門・山川玄周・村越大吉・籾山貞右衛門等が心学を学んでいるという風評が立っていた。

また一柳忠左衛門が保科正興と西郷近房へ書状を出し、「岡氏と申す実学者は名誉の仁であります。加判の方々へそのことをお聞かせ申したく」と、いろいろと申し述べた。

岡氏とは、定めて岡四郎右衛門のことであろう。そうであれば一柳忠左衛門は御前を勧めているので、自然ふと御前へ御物語を申し上げ、御幼君のことであるから、もし御聴き入れ遊ばされては、諸事の障りになる(11)。

と、保科正興と山田武兵衛はさらに協議を重ね、江戸詰の家老井深茂右衛門と柳瀬三左衛門に対し、つぎのように申し送った。

耶蘇宗旨の御制禁は天下全体に厳重に示達され、この御改めは諸国とも油断なく実施しております。よってこの時節をのがさずに、領内の士農工商、なかでもこれまで神道と儒道の者たちすべてに、今後は御免なされず、寺証文を提出するよう示達すべきであると愚考いたします。

その理由は、近年町在郷ともに心学という学問が発興し、なかでも北方には学んでいる者がおびただしくいます。ほとんどは仏道を離れ、葬祭の類は一切出家によらず、また定めた時節に参会します。夜間に大勢集まり、毎朝天を祭るなどと申しております。

いかにも通常と異なり、徒党を組む勢いがあります。一般庶民にこのような類が広くはびこりましては、その中に不心得の者もいるかも知れません。

万一そのような不心得の者がおりましては、取り締まりの怠慢となり、御為になりません。そうではなくてもその類いの者には、荷担する気持ちも出て、御まつりごとの障害となることもありましょう。いわんや公然と心学を学んでいる者たちが徒党を組むことは、たとえ善き道であっても、現下の状況で通常と変わったことが行われることは、御家の障りになります。

この節は厳重に停止を布告されるべきです。ご同意ならば殿様の御聴に達し、阿部豊後守様の御内意を得たうえで、厳しく示達したく(12)。

井深重光と柳瀬正真が、藩主正容へこれまでの事情を詳細に報告したところ、お聞き届けなされたので、老中阿部正武の決裁を仰ぎ、つぎの点につき留意するよう指示され、内諾を得た。

そのなかには指導者がいるであろう。それらの者には厳重に仰せ付けなければならない。しかしこれらの者は、厳しく仰せ付けられるのを本望に思うこともある。一同よく協議し、冷静に措置せよ(13)。

天和三年（一六八二）十二月二十一日付けの布告により、藤樹心学は制禁となった。

藤樹心学解禁の真因

心学制禁令布告一年四か月後の貞享元年（一六八四）四月十三日、家中において藤樹心学の指導者である御書物預役村越大吉が老中阿部正武に召し抱えられるということが起こった。「心学制禁令」を決裁した当の老中が村越大吉を藤樹心学の指導者であることを承知の上で、会津藩より貰い受け、召し抱えたのである。

この事件は執政たちにとってはもとより、家中ならびに領内の庶民に大きな衝撃を与えた。保科正興にとっては梯子をはずされた思いであったろう。この事件が藤樹心学解禁の決定的要因となったのである。

『家世実紀』巻之六十四、貞享元年「四月十三日 御書物預役村越大吉、阿部豊後守（正武）様御家来ニ被進」の項にはつぎのように記されている。

村越大吉は大変学才に富んだ人物であるので、老中阿部豊後守様が家来に貰い受けなさりたい旨、大目付高木伊勢守を通じて話があり、その通り取り計らうことになされ、ゆとりをもって仕度を整え江戸へ上るよう仰せくだされた。大吉は心学者であり家中の心学師範の身であるので、執政らはつぎのような話し合いをした。

現在町在郷において心学に関わっている者たちは、グループを作り、奇怪な行動がみられる。意図しない事態が起っては好ましくない。過去の嶋原一揆などもこのようなことより起っているので、このまま放置することはできず、阿部豊後守様へ相談のうえ、心学を御制禁なされたのであるが、心学を学ぶ者たちは今もって学ぶのを止めた様子はない。このような現状を豊後守様、殿様へ報告することなく保科民部らの考えで心学を制禁しているが、心服している様子はみられない。ところがこのたび心学の師範をしている大吉を豊後守様が貰い受けなされては、大吉に褒美を与えなされたと同じように聞こえ、いよいよ心学を学ぶ者たちは先ほどのご制禁は殿様のご指示とはうけとらない。豊後守様のご内意も心学制禁とは異なるようになり、殿様、豊後守様双方にとって為にはならないことである。豊後守様は大吉が心学者であることをご存じなく貰い受けられ、後悔なされるようでは如何かと評議したが、豊後守様は大吉のことをつぶさにご承知のうえ貰い受ける旨を申されたとのことであるので、執政たちは大吉に移籍を申しわたした。

この後大吉は豊後守様から知行二百石二人扶持を受け、側近として仕えた(14)。

老中阿部正武が、藩が禁止している藤樹心学の師範の村越大吉を召し抱えては、老中自らが藤樹心学を認めたことになり、先の心学制禁令と相違する。心学制禁令が布告されてからは、会津藩の家中では騒ぎが広まり、心学の指導者、実際に学んでいて学んでいると報告された者、学んでいないけれども学んでいたと噂されている者などがそれぞれ上書を行った。

しかし老中阿部正武が村越大吉のことを詳細に調査のうえ、心学の師範であることを承知のうえで所望されていることが判明した。

困惑した保科正興は執政一同と協議し、それらの者の処置について長文の具申書を江戸に送った。

その書状は、その一が村越大吉について、その二からその五までは家中において藤樹心学を学んでいた者、および学んでいなくて学んでいたと噂された者の処置について述べている。その一の末尾につぎのように主張している。

下々が軽んずるような法は、廃止すべきです。ただ今の通りでは、ほかの法も自ずから軽視される原因となると存じます。(15)

法を定めた者が自ら法を犯す、下々の軽んずるような法は廃止すべきだ、ほかの法も自ずから軽視されることとなる。それでは藩政の運営はできない。至極当然ではあるが、強烈な主張をしている。

この事件の八か月後、この年の十二月に心学制禁令は解除になったのである。

老中阿部正武が村越大吉を召し抱えた二か月後の貞享二年（一六八五）六月二十八日、保科正興は「常々勤め方宜しからず候につき」と、まことにあいまいな理由で家老職を召上げられ、蟄居を仰せつけられた。(16)

さらに追い打ちをかけるように、翌三年八月知行二千石を召上げられ、小川庄水沢村へ流罪となった。その四年後の元禄三年（一六九〇）八月七日、痢病を患い死去したという。享年四十一歳であった。

このことを記す『家世実紀』巻之七十三、八月七日の項の注に、「この時の私記に、今日民部伐たれ候と認め候書物もあい見、また鉄炮にて打ち殺され候由も申し伝え候」とある。

真相はどうだったのだろうか。

さらに藤樹心学ご制禁決定にかかわった奉行山田武兵衛は、事件の直接の関係者ではなかったものの、檜原銀山事件に連座し、また恵倫寺の訴訟にも介入して不届きなことがあったとして、同年八月九日流罪になった。武兵衛は配流途中の神指《こうざし》高瀬村で湯漬けを食べて以後断食をし、四十三日後の同九月二十一日配所の宝屋村で絶食死した⑰。

山田武兵衛は、その奉公ぶりが聖光院の目にとまり、その引き立てによって藩主保科正之の息女石姫のお付侍になり、その後累進して奉行となったものである。

藤樹心学の実態調査を受け持った町奉行野村久兵衛は、同年九月六日恵林寺の後継ぎの訴訟に不届きがあったなどにより、切腹を仰せつけられ死去した。久兵衛のせがれ是兵衛も親に連座して切腹させられた⑱。

藤樹心学制禁を主導した家老保科正興・奉行山田武兵衛・町奉行野村久兵衛の三人がそれぞれ処罰の理由は異なるが死罪というもっとも重い処分を受けた。

この年の十二月二十七日、藤樹心学は解禁された。

『家世実紀』巻之六十七、心学心次第可学旨被仰出の項に記されている布告の全文を原文のまま掲げよう。

近年士庶人心学を修行し、その徒群をなし、士俗これを疑い、流言多くこれあるにより、既に御禁令仰せ出られ候えども、怪しき所行一切これなき段、聞し召し届けられ候。

孝悌忠信の教は四民一日も懈《おこた》るべからざるの道に候間、存じ寄り次第、これを学ぶべき旨仰せ下され候につき、則ち一統へこれを申し渡す。

その後西郷近房は貞享元年（一六八四）には江戸詰めとなり家老に就任した。三代藩主保科正容《まさかた》は西郷近房を非常に信頼し、全面的に藩政を委ねた。

『家世実紀』巻之六十四、貞享元年八月二十八日の項には、そのきっかけとなったといわれる、つぎのような挿話が記されている。

その日（貞享元年―一六八四年八月二十八日）大老堀田正俊が、江戸城内で大目付稲葉正休に切りつけられ、稲葉正休はその場で阿部正武に刺殺される事件が発生した。

当日は月次《つきなみ》の御礼日にあたり、将軍家に拝謁するために藩主保科正容も登城していた。

江戸屋敷でこの騒動を耳にした西郷近房は、「藩主はご幼君のこと、心もとなく思われているだろう」と、早馬で江戸城に駆けつけた。しかしご門を通ることができない。幸いなことに前年御国目付として会津へ監察に赴いた、柴田七左衛門が大手門を警護しており、さらに同じく国目付であった曾根源左衛門も中着御門に詰めていたので、その計らいにより城中に入ることができた。まもなく藩主正容は下城し、近房はお供をして藩邸に帰った⒆。

国目付とは、幕府が臨時に諸藩へ派遣した監察役人のこと。大名が幼少のうちに家督相続し、まだ領国へ帰れない場合などに国政監視のため派遣され、数か月任地に滞在し、藩の実情把握につとめた。西郷近房は柴田七左衛門、曾根源左衛門と旧知であったのである。

江戸城内が騒然としているなか、心細い限りであった正容は、近房がすばやく駆け付けたことを非常に喜び、ますます信頼を厚くした。
筆頭家老が保科正興から西郷近房に代わってからは、藩内は落ち着きを取り戻し、藩政は安定した。元禄二年（一六八九）、西郷近房はそれまで十六年間空席であった大老に就任している。

藤樹心学制禁中の藤樹心学指導者の動き

心学制禁令の布告がなされた会津藩家中では、心学を学んでいる者の氏名が取り沙汰され、大きな騒動となったが、藤樹心学の指導者の間では全く動揺はみられない。
『家世実紀』巻之六十四、貞享元年四月十三日の項にはつぎの記述があり、それを裏付けている。

……ご制禁仰せ出され候儀に候えども、今もってその類たしかにあい止め候体にこれなく……

心学制禁令のなかでも、それまでと変わらずに藤樹心学に対する研鑽は続けられていたのである。
つぎの書簡は、中野義都《よしくに》がこの書簡に付した注記によると、貞享二年（一六八五）一月、まさに心学制禁の最中に、淵岡山が江戸屋敷の村越矩方に送ったもので、その年四月に「北方の同志が拝見されるように」と、村越自身が会津訪問のおり、遠藤謙安に手渡したものである。この書簡を栗村伊左衛門が書写して、同年五月に上高額村で開かれた会で披露した。

会津より三子ご上京、実にもって殊勝なることどもに御座候。さだめてご交修の益御座あるべく察し奉り候。なお永日千喜万悦御意を得べく候。
頓首
正月廿八日　　岡四郎右衛門

村越七右衛門殿

この書簡は心学制禁令にはまったく触れていない。それまでと変わらず遠藤謙安・五十嵐養庵・東條方秀の三子が岡山のもとへ上京したことを伝えている。

心学制禁令をうけて、村越七右衛門矩方は解禁を願う上書をした。三浦常親が自身の心覚えを記した『北嶺雑記』（末尾の『北嶺雑記』書誌および解題参照）によると、大要つぎのようである。

昨年十二月、心学のご制禁を仰せ出され、謹んでうけたまわりました。私こと、中将（保科正之）様の御代より学問をして参りまして、御先代（二代藩主保科正経）様の御代にも、御意に副いますます学問に励むべき旨仰せられておりました。しかしながら数年来病身となり、ひろく学問を推し進めることが困難になりました。それゆえ近頃は心学に励んでおります。心学は堯舜以来の聖賢の伝える心法を主とする学であり、朱子の門人であった真西山が大舜が述べた「人心・道心」を峻別する理論（『書経』大禹謨篇）に立脚して心学という名号を立言されました。その後王陽明が、孟子の良知の説によって心学を唱えられ、これよりその学問が盛んに唐土で行われるようになりました。

朱子と陽明との同異の理由は簡単明白ですが、それは書籍上の文の意義の違いによるもので、専ら聖人の教えを守り忠孝を励み、心ばえを要とすることについては、何ら変わることはございません。日本では中江與右衛門という儒者が陽明の学を修行致し、今その門流が京都、江戸そのほか諸国に数多くみられます。

そのようなわけで私もそれらの学者と会合を重ねております。他の人々のことは存じませんが、私どもがともに議論をしている者たちは、学術に関することのみで、党を結成し、ひそかにことを行うことはまったくございません。その上葬儀や年忌につきましても、仏教から離れることはなく、仏事や僧侶の営みも通常の通りに行っております。しかしながら、心学を学ぶことは御大法を憚らない不届きな所行であると聞し召されたとは迷惑至極に存じます。私こと畏れ多いことではございますが、このことを申しあげたく、恐れながら書面をもって申し上げます。(20)

この上書文は匿名の書として北川親懿の家に伝えられた。村越矩方が信頼する北方の指導者に、「特に名を秘すように」と手渡したものであろう。

さらに『北方三子伝』はつぎの挿話を伝えている。

北方三子が御役所へ召し出され出頭した。そこで一人ずつ呼び出され、「その方どもの心学とはどのような学問であるか。つぶさに申上げるように」と仰せつけられた。

最初の一人は「天下の大道を学んでおります」と、申し上げた。

つぎに召出された一人は、同様のお尋ねに、「天下の中道を学んでおります」と申し上げた。

最後の者にも同じくお尋ねなされたところ、「孝悌忠信の道を学んでおります」と、申上げたとのことである。

これらのことも心学をお許しなされる理由となったと語り伝えられているので、後学の者へ伝えたい。[21]

その後しばらくして、五代将軍綱吉より、淵岡山を召出し、講読を聴く旨の意向が示された。淵岡山が江戸へ下り、さらに諸国より藤樹心学を深く学んでいる者が江戸に集まり、宿所が諸大名に割り当てられるなど、準備が進んでいた。

ところが貞享元年（一六八四）八月二十八日、その取り計らいを担当していた大老堀田正俊が、江戸城内で、大目付稲葉正休に刺される事件が発生し、綱吉に対する岡山の進講は取り止めになった。

このことを『北川親懿翁雑記思案録抄』はつぎのように記している。

岡山先生ご在世のうちに、藤樹の学問は二十四か国へ普及したという。大樹公（将軍家）にも達し、岡山師に拝謁を仰せつけられ、さらに岡山師の講読もお聞き遊ばされる旨仰せ渡された。そこで岡山師が江戸へお下向なされたところ、その取り計いをされていた時の執政が、同職の方（土屋能登守か堀田加賀守か不明）に殿中にて殺害された。将軍へのお目見得えと進講は、この騒動により取り止めになり、岡山師はご帰京なされたとのことである。「時の至らずということ、これ命なり」と、岡山先生は少しも心残りのご様子ではなかったと伝えられている。

まさしくその節は、諸国より、藤樹学への志深く、道を会得している同志を残らず江戸へ召出しになり、諸大名へ割り付けなされ、旅宿も仰せつけられたということである。すでに同月松崎勘太郎などまで江戸へ上られたと承っている。[22]

会津藩が心学解禁令を布告した翌年貞享三年（一六八六）十二月二日、淵岡山は京都の学館で死去した。享年七十歳であった。

柴田甚五郎の現地調査によると、墓は京都左京区永観堂禅林寺の墓地にあり、簡潔に表に「淵岡山之墓」、裏面に「貞享三年歳次丙寅臘月初二日卒」とのみ刻してあるという。(23)

会津藩の元家老友松氏興は岡山の訃報を聞き、弔意を表して、

　くらき世に星と頼みし人もたゞおへれは石のうきよかなしき

と追悼の歌を詠んでいる。(24)

四　藤樹心学解禁後の会津

会津藩の動き

藤樹心学解禁後の会津藩の動きはどのようであったろうか。

二代藩主保科正経は天和元年（一六八一）十月逝去し、初代藩主保科正之の六男正容《まさかた》が家督し、三代藩主となった。十三歳である。

正容は、元禄元年（一六八八）七月、二十歳にして初めて会津入りし、十二カ条の教令を発した。その第三条で、「故中将公、学を好み士庶留学に向う。その余風失うべからず。諸士は講所に入り、市人は稽古堂に入りて学ぶべし」と諭示した。

初代藩主正之の儒学重視、向学の方針を改めて確認したのである。

すでに五年前藤樹心学は解禁され、

孝悌忠信の教えは四民一日たりとも懈たるべからざる道に候間、存じより次第これを学ぶべき旨仰せ下され候と布告されており、家中でも藤樹心学の熱心な講学が行われていたが、藩主正容は側に仕える者が藤樹心学を学んでいることを嫌う心が非常に強かった。

『横田三友先生年譜』は、つぎのふたつの挿話を記している。

元禄二年正月、大守正容は侍臣飯沼伊兵衛を横田俊益のもとに赴かせ、心学を難詰する方法を問わせた。これは正容が近習ら側近の者どもが勝手きままに心学を習うのをにくんでのことである。俊益は朱子と陸象山の朱陸論争にその要点を求め指示にこたえることとした。

同十三日、西江（西郷）頼母が「近日中殿の御前で『大学』を進講するように」との正容の命を伝えた。

同十五日、近習遠山半三郎は藤田祐詮に対して、「近日中に横田俊益から『大学』の進講を受ける。そのときは他聞を憚らず心学を論難するように。この旨を三友に伝えよと仰せられた。この殿の意のあるところを俊益に伝えてほしい。」と話した。祐詮は俊益のもとを訪れてそのことを告げた。

同十八日、俊益は公命を受けて登城し、正容の意を汲み、大学三綱領を進講した。太守はこれを聴いて褒めた。家老の井深茂右エ門・西江（西郷）頼母および近侍の者共も次の間で拝聴した。心学を学んでいる家中の者はこれを伝え聞き、恨み憤った。(1)

家中に藤樹心学を学ぶ者がいかに多かったかを示しているともとれる挿話である。

貞享二年（一六八五）、第二代の稽古堂堂主となった岡田春越は、藤樹心学に対する志を曲げず、三年後の元禄元年（一六八八）、ついに横田俊益に破門されるに至った。

『横田三友先生年譜』は、その間の経緯を詳細に述べている。藤樹心学受容の実態をかいま見ることができる挿話である。

近年心学を学ぶ者が非常に増えて、宋儒の正説を害するようになった。ある人が来て俊益に告げた。

「春越は近頃心学の講席に出席しています」

俊益は春越に問うた。

「汝は心学に入ったのか否か」

「入っておりません」

その後、またある人が俊益に話した。

「春越は心学に入りました。その仲間の者たちは昼夜集まって、心学を学んでいます」

そこで俊益はまた春越に訊ねた。

「人は汝が心学を学んでおり、頻繁にその者たちと集まっているという。しかし私はそれを信じない。いかがであるか」

「それは世間の人の根も葉もない戯言です。親戚に心学を学んでいる者がおりまして、たまたまその者の家に行き、聞くとはなしに、偶然その説を聴くことがありました。しかし私がどうして心学を学びたいと思うでしょうか」

「本当にそうか。絶対心学に入ってはいけない」

「謹んで命に従います」(2)

その後藩主より十二条の教令が布告され、その一条はつぎのようである。

諸士は郭内の講所に会集して、儒書を討論すべし。また庶民は市井の稽古堂に会集して学ぶべし。

それはともに、中将君（初代藩主保科正之）の学術重視の余風に副うものであり、殿の願うところである。(3)

この布告が発令されると、俊益は春越を呼び寄せ、教令の内容を伝えて云った。

「このたびの太守の善政、このようである。道を学ぶ者にとって時至れりというべきである。いわんや汝は稽古堂を守る者であり、他人とは異なる立場にある。心一筋に神君の学を守るべきである」

「私は心学を学んで、明徳に一生の拠りどころを得ました。神君の学については、私はその可否を知りません。心学を棄てることはできません」

「ならば先に陳謝したことはみな偽りか。どうしてこのようにひどく私を欺いたのか」

「心学は朱子の学です」

「心学は誰を祖とするか。恐らく陸象山・王陽明の学であろう。そうであれば朱子とは大きく異なっている。この学は神君のにくむところである。見祢山御廟記につぎのようにある。『宋儒の正説を守りて発明する所有り。象山・陽明が論を棄て、決断する所有り云々』と。しかし、汝は心学は朱子学であると云う。その根拠は何か」

「宗派を考えるに、近江與右ェ門惟命は心学の祖でありまして、道統は朱子より来たものです。」

「昨今京都の学者が『本朝孝子伝』を撰輯した。そこに中江惟命の伝を載せている。我が国において藤樹が陸王の学を諸生に講じたとはっきり書いてある。汝だけが欺くのか。汝のいう宗派は誰の撰か。もし心学が朱子学ならば初めより朱子学というべきである。私は心学を棄て、朱子に帰りたいと思う。汝は心学を棄てることはできないと云う。そのことでも朱子と心学が同じでないことは明白である」

数時間論じても、春越は承服しなかった。

そこで俊益が言い渡した。

「藩の命令とあれば已むをえないと服するであろうが、それでは私の意に満たない。私は長い間汝を教えてきたが、私の学に従わないのであれば何の益もない。今より以後、汝との交わりを断つ。二度と我が家に来てはいけない(4)」

俊益の引用する『本朝孝子伝』にはわずかに「(中江藤樹は)少より書を読み、すこぶる発明するところあり。その学は王伯安を宗とす。およそ本朝諸州の王学は惟命(中江藤樹)これを唱う。……」との記述があるのみであるが。

その後春越は、心学の志を止むことは出来ないが、稽古堂を守る間はしばらく心学を止めるとして、俊益の許へ出入りすることを認められた。

藩主正容は、稽古堂が町外れにあり通学に不便だとして、元禄二年（一六八九）、町の中央に新たに庶民のための学問所をつくり、町講所と名づけ、稽古堂をこの町講所に併合した。稽古堂の堂主岡田春越は、俊益の推薦により稽古堂より引き続き町講所の師範に就任した。

寛文四年（一六六四）に横田俊益が提唱し、家臣と町人の拠出金で建設され、彼らの教育に大きな役割を果たしてきた稽古堂は、遂に元禄二年（一六八九）をもって消滅したのである。

まったくの余談であるが『家世実紀』をつぶさに読むなかに発見した藩主正容についてのエピソードを紹介しよう。

石部桜はその昔から蘆名家の臣石部治部太夫の居館の庭中にあった桜樹である。よって今このように石部桜と呼ぶ。

まれにみる名木で、花盛りの節は貴賤を問わず多くの人々が集まり賞翫している。そこでかねて殿が御慰のためお出かけなさる旨仰せ出されていた。

本日午前十時御出遊ばされた。お供仰せつけられた人々は西郷頼母、（中略）殿は石部桜を鑑賞され、午後四時御帰城された。(5)

と、藩主正容が西郷頼母以下家老・番頭などの家臣二十九人を引連れ、花見をしたことを記述している。

二〇一三年放映のＮＨＫの大河ドラマ『八重の桜』では、この老樹石部桜が毎回の冒頭のシーンを飾っていた。この老樹は三百数十余年以前すでに名樹として会津の人々に愛されていたのである。

「北方三子」の動き

ようやく藤樹心学は解禁された。制禁令のなかにあっても藤樹心学の講学を続けることに支障はなかったとはいえ、重苦しさは避けられなかった。

そのなかで遠藤謙安・五十嵐養庵・東條方秀の三人は、北方はもとより、会津藩家中や城下町若松にまで活動の幅を広げ、熱心に講学を続けた。

かれらは後年「北方三子」と呼ばれ非常な尊敬を受ける。

その活躍の一端を伝える『北方三子伝』はつぎのように記している。

遠藤謙安・五十嵐養庵・東條方秀の三子が在世のうちは、藤樹心学を学ぶことを許されるのは容易ではなかった。

まず門人の一人に親しく接してしばらく教えをうけ、勉学の志を示し、その上で三子に入門をお願いする。三子は対面し、出来る限りしっかり学ばなければならないと激励するのが常であった。

五十嵐養庵は、「千人並みの勉強では役に立たない」と、大声で叱咤することもあったと伝えられている。(6)

東條方秀は、以前より藤樹心学を研鑽する人々の志に報いるためとして、毎年米五十俵を土蔵に積んでおき、一年中会に参加する人たちの賄いに提供していたと伝えられている。

あるとき五十嵐養庵先生が病気で床についていた時、京都より書状が届いた。ひらいてみると、

「江戸から今年分のお金が届かず、暮の支払に差し支えが生じている」とある。先生はこれを読み大変驚いて、「かごの支度を申しつけよ。直ちに江戸へ出立する」といわれた。家族は大変驚いて、「ただ今はご病気、その容体では道中が危うくございます。延期されますように。今晩中に飛脚を立てましょうほどに」と申上げたが、聞きいれなさらない。いくど申上げても、「道のため旅して、たとえ中途で死ぬようなことになっても後悔はしない」と、承知なさらない。やむなくかごの支度が出来上がったところへ、京都よりまた書状が到着した。ひらいてみると、江戸よりお金が届き、暮の支払に支障がなくなった旨の知らせである。そこで養庵先生の江戸行きは取りやめになったと伝えられている(7)。

藤樹心学を学ぶことを希望する者に対する三子の厳格な態度。
毎年米五十俵、なんと三千キロもの米を用意して、諸生の賄いをした東條方秀。
病床にあって京都の学館の維持のために鬼気せまるほどの執念をみせる五十嵐養庵。
これらの挿話は、三子がいかに藤樹心学の振興のために力を尽くしていたかをひしひしと物語るものである。

特に東條方秀が藤樹心学を学ぶ者たちの賄いのために毎年五十俵の米を用意したというエピソードは、当時会に参加する者がいかに多かったかを物語っている。

五十俵（三千キログラム）の米は、夕食に一人一合の握り飯を供するとして、二万人分に相当する。この地で藤樹心学を学んでいた人々は郷頭や肝煎りなど郷村における支配階級のみではなく、もっと広く学ばれていたのである。

同じく『北方三子伝』が伝えるつぎの挿話には、遠藤謙安と五十嵐養庵の面目躍如たるものがある。

遠藤謙安は、元禄三年（一六九〇）九月、小沼組の郷頭を仰せつけられ、漆村に移り住んだ。その七年後の元禄十年（一六九七）、諸郷村では山役所に対し、家を普請するための材木の払い下げを願い出た。しかし山役所では、「山の材木は伐採し尽しており、払い下げることはできない。」の一点張りで、一向に払い下げに応じない。諸郷村ではなはだ差支えをきたしたので、遠藤謙安と小田付組の郷頭五十嵐養庵は共同して、郡内の山には伐採可能な木がないか、その実態を調査した。ところが山役所では不届きであると、訴訟を担当する公事所に訴えた。公事所では種々穿鑿した結果、遠藤謙安は死罪が相当と決定した。

謙安は元来郷村の百姓が困っているために行動したのであるので、郷頭の所属する郡奉行は気の毒に思い、会所に伺いを立てた。（家老と奉行ら執政で構成する）会所では、内々に謙安から事情を聴取したところ、謙安は「事前に郡奉行に申し上げてから調査しては郡奉行に差し障りとなるので、自分が一存をもって行った。五十嵐養庵は私の頼みによって協力したもので、彼に責任はない」旨を答えた。謙安に対する公事所での死罪の決裁は、会所で覆され、謙安は他国への追放処分に減刑された。

まことに有徳の君、天道の助けである。

謙安は伊達信夫に立ち退き、しばらく伊達の桑折御陣屋で、代官手代を勤めたという。

五十嵐養庵は、「謙安は自分が頼んだことであると申し立てているが、謙安の依頼によることではありません。私自らの考えにより調査したもので、私個人の不調法であります。」と、一歩も譲らない。結果五十嵐養庵は郷頭の解職で済んだ。ときに五十嵐養庵六十二歳であった(8)。

北方三子のうち、東條方秀は先に述べた『東條子十八箇条問記』を、五十嵐養庵は『五十嵐養庵先生語類文集』上下を、遠藤謙安は『遠藤謙安先生覚書』上下を残している。

『五十嵐養庵先生語類文集』上下は、同書に付された中野義都の序によると、五十嵐養庵の孫矢部湖岸の編集になるものである。

元禄九年（一六九六）東條方秀が亡くなった。享年六十三歳である。翌年には荒井真庵が歿し、さらに二年後の元禄十二年（一六九九）には大河原養伯が死去した。

北方三子の一人東條方秀と、会津の地へ藤樹心学を伝えた荒井真庵と大河原養伯があいついで亡くなったことは、ひとつの時代の終わりを感じさせる。

しかし五十嵐養庵は藤樹心学振興のために、さらに大きな働きをするのである。

清風堂と心学蔵

元禄十五年（一七〇二）、五十嵐養庵は京都に上り、さらに江戸、伊勢の岡山門下の諸生の間をも奔走して、藤樹心学の中心、いわば要である京都の学館と祠堂の維持費捻出のための方式を確立する。会津・江戸・伊勢・京都の同志の拠出による資金によって質屋を経営し、その利潤をもって学館ならびに祠堂の維持に充てることとしたのである。

その質屋は「心学蔵」と名付けられ、会津北方の熊倉に設けられた。さらに毎月二回の研修会を運営し、その会を「清風堂」と名づけた。

その間の事情を遠藤謙安の嗣子遠藤常尹の筆になる「清風堂銘ならびに序」が伝えている。

会津若松城のきのえねの方角に熊倉という駅がある。貴賤の別なく、一日中大勢の旅人が通る。そのため居ながらにして他国の政治情勢や人情のありようを知ることができる。本当にここは郡役所が置かれる繁栄の地である。

さて五十嵐養庵は、中江藤樹と先師淵岡山の学を学び、その真髄を理解し、老いの身でありながら長旅をもいとわず、元禄十五年みずのとひつじの年に、京都に上り、さらに伊勢や江戸の地を奔走して、岡山門下の同志と面談を重ねた。同志それぞれが分に応じた金額を拠出して、熊倉に質蔵を設置した。そして庶民の日用のために金を貸し、その利潤をもって永く京都の祠堂と学館の維持にあてることとした。

かねて養庵は我が子孫や各地の同志に、このように話していた。

「先師岡山先生の尊霊が都に鎮座されているからこそ、諸国の同志の変わらぬ信頼が維持されており、後世にもたらす利益は計り知れないものがある。もし後に祠堂と学館に異変が生じたならば、対処法を衆議により決すること。基金を濫費してはいけない。」と。諸生は全員これを承諾した。そこで有志の会を設け、会日を毎月五と十の日と定め、毎回真剣に切磋琢磨することとする。ある人は感嘆して次のように云う。「この会に加わることは孝悌忠信の本来の意義を知り、乱れる俗事から自然に脱し、世利文華の習を忘れて、あたかも超然として理念に通ずるごときである。まことにこれは世にも稀な会である。清風堂と謂うべきである。」

この言葉はまことに素晴らしい。よって清風堂と名付ける。その銘は次の通りである。

城北ノ熊倉ノ駅　人傑ニシテ地亦霊ナリ　河ハ許由カ耳ヲ洗イ　山ハ千歳苓ヲ蔵ス　万古不伝ノ学
日月江汀ニ出　爰ニ岡山之徒　後世ノ安寧ヲ願ウ　地ヲ擇テ倉廩ヲ置キ　遠ヲ追テ且ツ銘ヲ
録ス　既ニ五十会ヲ設ケ　残暑流蛍ニ燈ス　日新ノ聖之徒　集会坐忘ニ似タリ　時来ル風雅ノ
友　怡々タリ莫逆ノ状　臣ハ忠ヲ論シ子ハ孝　孳々トシテ羊ヲ亡ヲ恐ル　年先師ノ忌ヲ祭ル　庶
幾ハ祠堂ヲ筑カンコトヲ

享保二丁酉歳八月二十有五日　遠藤常尹　謹記(9)

この「心学蔵」はこの後宝暦十三年（一七六三）まで、約六十年続いた。

木村難波の遺した『難波叟議論覚書』には「元禄十六年六月、会津より五十嵐子上都、……」とある。五十嵐養庵は前年の元禄十五年に上京しているので、翌年再度上京し木村難波に会ったのであろうか。五十嵐養庵がこの五年後の宝永五年（一七〇八）に死去したことと考えあわせ、まことに頭の下がる思いである。

「北方三子」後の指導者の動き

この時期に北方で中心となって活躍していたのは、「北方三子」の子息たち、遠藤謙安の嗣子遠藤常尹（松斎）、東條方秀の嗣子東條方義、五十嵐養庵の次男松代松軒、六男の五十嵐養元と大島（嶋）如水らである。

さらに若松城下町には、赤城誠意、宮森惣吉、福荘江音、森雪翁等がいて、熱心に藤樹心学の普及に努めた。いずれも上京し、京都の学館で木村難波や松本以休に藤樹心学を学び、さらに江戸で田中全立らについて研鑽し、帰郷後藤樹心学の普及に尽力した。

大島如水は、通称忠左衛門、常行、後に如水と改めた。熊倉組西中明村あるいは東中明村の村長である。たびたび上京し学館において藤樹心学を研鑽、さらに大坂の木村難波に教えを受けた。木村難波の遺書『難波叟議論覚書』下を松本以休から譲り受け、会津に伝えたことで知られる。

赤城誠意は、通称惣（宗）兵衛、諱は忠英、後に重羽と改めた。寛文九年（一六六九）二月五日に生まれ、寛保三年（一七四三）一月三日に歿した。城下若松町の名主十八人の一人で、北小路町の名主を勤めた。致仕した後、誠意と称した。またたびたび江戸に上り、二見直養について藤樹心学を研鑽した。

現在会津に残されている木村難波の『難波叟議論覚書』上は、赤城誠意が京都の学館で書写したものである。

宮森惣吉は、勝明、惣吉と称した。享保四年（一七一九）十月に歿した。享年六十九歳であった。若松城下町大町の名主である。京都の学館で淵岡山に最後まで近侍した藤尾久左衛門に藤樹心学を学んだ。

森雪翁は、通称与兵衛、諱は守次。寛永十九年（一六四二）に生まれ、宝永八年（一七一一）に歿した。享年七十歳であった。若松城下町赤井町の名主であった。上京し、藤樹心学を直接淵岡山に学んだ。『会津孝子伝』を編纂し、藩に献上したことで知られる。

これらの藤樹心学指導者は会約を結び研鑽していた。今日遺されているものは宝永二年（一七〇五）四月の記年のものである。紹介しよう。原文は漢文である。

会津藤樹学諸生会約の文

一、凡て学友が集会する際は、謙虚であることを第一義とし、心学を生活の中で実践することが肝腎なことを自覚すると、お互いに人間らしく生きる上で有益である。

一、雑話や戯語は禁止する。議論が絶えたら、沈黙して本性を存養するがよい。

一、飲酒は三合を過ぎてはいけない。献酬する際は無理強いするな。大酒飲みはいけない。

右の条件、各自慎んで守るべし。過ってこれに違うことがあれば宜しく規制すべし。

宝永二年乙酉四月　　会陽之諸生これを記す(10)

この時期の藤樹心学指導者の活躍の実態を記した資料は残念ながら見出しえない。

しかし『藤樹先生全集』巻之四十二「藤夫子行状聞伝」と、藤樹書院に遺された『書院日記　初記』と、『享保十六年辛亥歳　藤樹書院日乗（日記）』には、会津から人々が藤樹書院を参拝し、助力している様子が記録されている。丹念にみてみよう。

「藤夫子行状聞伝」によると、享保六年（一七二一）全国の同志が中江藤樹の墳墓の垣根の修復の費用を助成した。

そのとき費用を分担した者の所在はつぎのようであった。

京師	三十一人	江戸	四十八人	会津家中	十六人
会津城下	三十人	会津北邑	二十人	同所垣川中同北村	十二人
高田村	十四人	播磨姫路	十四人	阿波	十二人
伊勢津	十五人	桑名	五人		

二百十七人中、会津藩家中および会津からは、実に七十八人が賛助している。

この時期、会津藩の家臣および若松城下でも、北方に劣らず藤樹心学が講学されており、さらには姫路、徳島阿波、伊勢の津、桑名でも熱心に学ばれていることが伺える。

『享保五年（一七二〇）庚子之春　書院日記　初記』にはつぎのようにある。

〇享保六年（一七二一）五月十三日

一、奥州会津肥後守様儒者岡田此母・勢州桑名ノ住、川村武右衛門、右両人来謁。祠堂および墓。

ちなみに、此母は岡田春越のことで、儒名を此母と称した。稽古堂の堂主で、元禄二年庶民のための学問所として、稽古堂を吸収する形で設けられた町講所の師範である。藤樹心学を学んでいるとして師横田俊益に二度にわたり破門された。横田俊益は元禄十五年（一七〇二）死去し、その後は師に気兼ねすることなく藤樹心学の講学を続けた。

右の記事は岡田春越を「儒者」と記している。岡田春越は、享保二年には藩士の学ぶ学問所である講所の「儒者」であった。

会津藩は宝永二年（一七〇五）講所の職名「講所指南」を「儒者」と改称しているので、春越は当時講所の師範であったとも考えられる。

○享保九年（一七二四）四月二十日

一、参詣　　　　会津　北邑　　舟城玄庵・高橋善右衛門

○享保十一年（一七二六）

一、参詣　　鳥目五十疋　　会津　高田　　穴沢加右衛門　　大沢村　　竹嶋浦右衛門

荒分村　　武藤新右衛門　　□尾村　　湯上彦次郎

○享保戊申（一三年—一七二八）四月七日

一、参詣　鳥目卅疋献之。　植木是水　　谷静斉　　辻彦左衛門

○享保一四年（一七二九）五月二十二日

一、参詣　　献果肴　　奥州会津熊倉村　　森代平兵衛（松軒・五十嵐養庵の三男）

○　同　　五月二五日　　　　同道京都　　辻彦左衛門
一、参詣　御菓子献上　奥州会津小田付邑　五十嵐小左衛門・新明吉兵衛・吉太郎・二瓶久右衛門・関本権次郎・伊関又次郎・須藤三之丞
○享保一六年（一七三一）六月一〇日
一、参詣　御菓子代　銀壱両　奥州会津耶麻郡小田付町　井上和右衛門・伊関半右衛門・二瓶善兵衛・新明善三郎
○享保一六年（一七三一）八月二九日
一、来謁　御菓子代　銀二両　奥州会津小田付邑　東條清右衛門・東條忠左衛門・冨山源七・伊関新九郎。
『享保十六年辛亥歳　藤樹書院　日乗　第二号』による。
○享保十九年（一七三四）五月二十一日
一、参拝　奉献上銀子一封聊代香茗之奠
会津小荒井村　矢部佐平治・矢部喜平治
○元文二年（一七三六）七月三日

一、拝謁　献菓料　銀五匁　　会津小田付村　　日生平八郎・伊関儀右衛門。

さらに享保一九年五月二一日には会津小荒井村　矢部佐平治・矢部喜平治が北方の同志六十三人の拠出した金子五両一分・銀子五十三匁を寄付している。

これら六十三人については氏名と寄付額が記されている。それによると、一人の寄付額は、二分・一分・二朱・一朱・銀五匁・三匁・一匁とまちまちで、それぞれが分に応じた寄付をしたことが伺える。

ところで当時の「一分」は今日ではいくらに相当するのだろうか。城下町若松の町人のトップ、大町検断の職にあった簗田《やなだ》家所蔵文書『御用・公用日記』には江戸期の若松の米相場が記録されているので、米の価格から推測してみよう。

資料の上で、この時期にもっとも近い享保元年（一七一六）二月の若松における町米の値段は、「一分」につき二斗四升（三十六キログラム）であった。仮りに一〇キロ四千円とすると、「一分」は一万四千四百円に相当する。北方の人々の藤樹心学に対する熱い思いが偲ばれる事実である。

会津藩家中・城下町若松・北方におけるこの時期の藤樹心学講学の状況を記した記録はないが、こうした藤樹書院への参拝や寄付の状況から、相当活発な動きがあったことは確かである。

またこの時期以降、城下町若松における藤樹心学について記した資料は見当たらないが、北方同様活潑に研鑽されていたとみていいだろう。

『遠藤常尹覚書』上には、遠藤松斎が病床を見舞いに訪れた青年に対し説諭した教誡の文が採録されている。長文であるので冒頭の数行のみ紹介しよう。

享保十五年庚戌七月二十三日、こどもが数十里をへだてた元福城下から私の見舞いにきた。静な季節になごやかな雰囲気のなか、細やかな心つかいをしてつぎのように諭した。

お前の学力をみると、四書五経や文選まで学んでいるけれども、中江藤樹・淵岡山両先師の学問にこころざす同志との交りに縁遠いので、議論がうわの空になっている。儒学に志をたて、聖人に近づこうとする願いを抱いているのか。(11)（以下略）

昭和五十四年正月、喜多方市岩月町字上岩崎に住む遠藤光男氏の物置の隅から、外部が煤けてぼろぼろになった一巻の巻物が出てきた。遠藤光男氏は遠藤謙安の末裔である。

藤樹心学に関する文書が二通、中山新村に関するもの二通、苗字帯刀願のための願書が二通、その他が一通で、それらを一つの軸に仕立ててある。

新たに出るものなどないと思われていた藤樹心学関係の文書である。それを見せられた川口芳昭は、「息の止まるような喜びだった」と、「会津の藤樹学について」という論文に述べている。(12)

一通は、京都の淵岡山の嗣子淵半平たちから、北方の遠藤松斎らに宛てた書状で、

本日恒例のように岡山師の御祭祀を執り行い、諸生参会し岡山師の遺沢を仰ぎました。そこで岡山師の御服一包、蓮署を以って進呈します。お納めください。(13)

という内容のものである。

差出人は金原仙蔵ほか二十二名、うち十名に花押がある。差出人の末尾の署名者が、淵岡山の嗣子

で学館主である淵半平となっている。受取人は、遠藤松斎を筆頭として三十四名に及んでいる。当時北方で藤樹心学の指導者として目されていた人物をすべて網羅していると考えられる。なかでも遠藤松斎が最長老であることが確認できる貴重な資料である。

もう一通は、享保十八年（一七三三）十月、遠藤松斎（常尹）が弟矢部甚兵衛との連名で、藤樹心学を学ぶ諸生に出した、つぎの「口上書」であった。

口上書をもってお頼み申上げます。

亡父謙安存命のとき、私ども兄弟につぎのように申しておりました。

藤樹、岡山両先師のご学問は、天下第一等、人間第一義についてのご示教であり、不肖の予の企ておよぶところではないが、仁義礼智孝悌忠信の教えは、まことに貴重なものである。ついては、岩崎は祖先の遺産のあるところ、かねてから日々先師の教を尊信する同志を招き、会集して怠らず勤めるように。

数年来亡父の教えに従いたいと願っておりましたが、その勢いはなく、そのままにしておりました。しかし最早私どもも晩年におよび、勢いも覚束なくなりましたので、にわかに皆と相談し、研鑽のための私室を設けました。

そこで皆様へ申し上げます。毎月一日あて岩崎の私どもの家にご参会くださいますようお願いします。お出での節は、銘々弁当をご持参くださいますように。煎茶、汁等の費用は孫七方で用意しておくようにいい聞かせて置きます。ご遠慮はご無用でございます。

私どもの死後においても、孫七、左七が健在である間は、両人の方よりお願い申し上げますので、いよいよもって怠りなくご参集くださいますようお願い申し上げます。　以上

享保十八年丑十月　遠藤　松斎

矢部甚兵衛[14]

諸生のために自宅に集会室を設けるので、毎月一日参会し、藤樹心学を研鑽しよう。そのときは各自持参の弁当に、煎茶と汁を提供する。このことを自分の死後も続けてほしいといっている。

東條貞蔵、第三代学館主相続

淵岡山の亡きあと、京都に設けられた中江藤樹の祠堂と学館は、岡山の嗣子淵半平が相続した。半平は二男二女をもうけたが、男子兵蔵は早世し、もう一人は廢失となり、娘きんととせだけになってしまった。

元文元年（一七三六）十一月十三日半平が死去すると、誰が学館主となって淵岡山の遺志を継ぐか、関係者は苦慮した。半平死去の一年三カ月後、とりあえずきんととせが祠堂と学館を相続した。その後森代松軒の奔走により東條方義の嫡男貞蔵（東條方秀の孫）を養子に迎え、きんと結婚させ、貞蔵を学館主とした。

祠堂と学館の名義について、半平の娘きんととせの二人は連名でつぎのような一札を入れている。

あい渡し申す一札のこと。

葭屋町通徳屋町表へ十六間一尺五寸五分、奥へ二十四間二尺一寸、猪熊今小路町表へ八間。これは親半平の証文の通り、諸方の同学友の諸氏へ相談し、永く学問所とするために諸方の同学諸氏の拠出金をもって求められた屋敷に紛れもございません。

親半平こと死去しましたので、このたび私の名義になされ忝く存じます。いよいよ以後ご助成を受け、諸役を務めます。

また万事皆さまが直接取り計らいなされたことですので、皆さまのお指図に違背することはいたしません。もし心得違いによりお指図に違背するようなことがあれば、どなたであってもご相談のうえ、名代をご変更ください。

私はいうまでもなく、親類縁者のためにも抵当にいれることは決していたしません。子孫のうち変わらず名義人となるときは、その節は右の文言の通り、名義証文を必ず仰せつけください。私は云うまでもなく親類縁者のためであっても家屋敷を抵当に入れることは決していたしません。子孫の者が変わらず名代を勤めるときは、右の文言の通り名代証文を固く申し付けてください。親類縁者すべてこの屋敷について異議を申す者はございません。

後日の証のため一札差し入れます。

元文三年（一七三八）午二月　　　　　　　　　　淵半平娘　　きん判　とせ判

会津　森代松軒様　東條清蔵様　五十嵐覚兵衛様

桑名　川村武右衛門様

江戸　　二見勘兵衛様　加藤善三郎様
京　　安田又四郎様　寺井与惣兵衛様　林大隈守様　土山出雲守様　渡辺四郎右衛様(15)

その後東條貞蔵が、森代松軒の世話で淵きんと婚姻を結び淵貞蔵となり、祠堂と学館を継ぎ、第三代学館主となった。

淵貞蔵は半平死去のときは二十二歳、したがって二十代半ばで淵家の婿となったと思われる。彼は、東條方秀―方義―清蔵―貞蔵と続く、東條方秀の曾孫にあたり、しかも長男である。長男を廃嫡して養子に出すことは、家の存続が何よりも重視されたこの時代にあっては非常な決断である。東條方秀の淵岡山に対する深い傾倒と、それが子、孫の代まで連綿と受け継がれてきたことが伺える事実である。

江戸の藤樹心学

前出のとおり、享保六年（一七二一）に、中江藤樹の墓苑の垣根修復費用を全国の同志から募ったとき、江戸から四十八人が拠出に応じたとの記事で分かるように、江戸においても藤樹心学は熱心に学習されていた。

江戸の藤樹心学は田中全立によって伝えられた。田中全立は江戸における藤樹心学の学祖と目され、高弟二見直養《なおかい》らとともに藤樹心学普及のために活躍した。

全立の歿年、享年はともに不詳であるが、田中全立は若年のころから京都にあって、富松祐庵らとともに、直接淵岡山に教えをうけた、木村難波とならぶ高弟である。

淵岡山の信頼厚く、岡山が故郷仙台へ墓参のため帰郷したときは、富松祐庵とともに随行している。

またこの時期、田中全立は富松祐庵との連署により各地の同志と活発に書簡の往復をしている。

後に江戸に下り、牧野成貞に儒官として仕えた。牧野成貞は父成儀の遺領二千石を継いで徳川綱吉に仕え、天和元年（一六八一）側用人になっている。

『藤門像賛』は、田中全立について、「牧野公儒官に命し客と成て其側に有る事、穆公のかたハらに子思いますかことし」と記している。(16)

二見直養、姓は渡会、氏は二見、諱は忠直、通称は勘兵衛、また芳武、新右衛門ともいい、晩年には直養と称した。明暦三年（一六五七）四月二十三日に生まれ、享保十八年（一七三三）七月十八日死去した。享年七十七歳であった。一時伊勢山田の祠官となったが、辞して江戸に帰り、父の家業を継いだ。

藤樹心学を田中全立に学び、下谷荒神町に藤樹の祠堂を建て、明倫舎と名づけ、田中全立亡きあと、江戸における藤樹心学派の中心となった人物である。

会津からも赤城誠意、東條方義、遠藤松斎、矢部文庵、島影文石など、江戸に上り直接に、あるいは書簡を通じて教示をうける者が多数あった。

とくに島影文石は、二見直養の書簡等を集め、『二見直養芳翰集』上下を編纂し、後世に残した。

島影文石は、通称安左衛門、会津藩の家老西郷近張《ちかはる》の家士である。宝暦六年（一七五六）七月に歿した。生年および享年は不詳である。江戸在勤中に二見直養に親炙し、藤樹心学を学んだ。会津ではみな文石を崇敬し、門人が多かったという。

ちなみに文石の仕えた西郷近張は元禄十六年（一七〇三）御用人から家老に就任、寛保二年（一七四二）まで十二年間家老職を勤めている。

五　北方後三子と北川親懿

北方後三子

その後有力な指導者が高齢のため相次いで死去し、会津の藤樹心学は次第に衰微していった。延享二年（一七四五）東條次賢 五十四歳で死去、翌三年森代松軒 七十一歳で死去、翌四年宮森物吉 七十九歳で死去、寛延三年（一七五〇）小池常矩 八十五歳で死去、宝暦四年（一七五四）矢部文安 八十五歳で死去、宝暦六年（一七五六）島影文石死去、宝暦九年（一七五九）井上友信 五十四歳で死去、である。

京都の学館と祠堂を維持するために、元禄十五年に始められた心学蔵も約六十年を経て、ついに宝暦十三年（一七六三）頃には閉じられてしまった。

衰微していた藤樹心学の復興のために尽力したのは、「北方後三子」と称される、矢部湖岸、中野義都《よしくに》、井上安貞であり、それ以上に特筆すべきは、北川親懿《ちかよし》である。

矢部湖岸は、五十嵐養庵の季子五十嵐養元の三男である。通称は覚右衛門、諱は直言、湖岸、湖峰と号した。享保三年（一七一八）に生まれ、享和二年（一八〇二）九月十六日に死去した。享年八十五歳であった。祖父五十嵐養庵の遺文を集めて『五十嵐養庵類語文集』を撰した。

『日新館志』六には、

矢部湖岸は、一と六の日は塩川、二と七の日は漆《うるし》、三と八の日は高額《たかひたい》、四と九の日は小田付、五と十の日は小荒井と、会日を定め会合を持ち、それらを巡回して一日の懈怠《けたい》もなかった。[1]

との記述がある。

中野義都は、通称理八郎といい、後に祖先中野盛親の作左衛門を襲名し、惜我と号した。義都は諱である。家禄百石で代官などをつとめた、会津藩士中野瀬左衛門義信の次男である。

神道・藤樹心学・兵学の泰斗であった。神道は、はじめ佐瀬常職に、その後吉川惟足の孫吉川従門に深く学び、五階位（四重奥秘・三事位・二事位・一事位・講読免許）のうちの「三事位」を得た。剣術・弓術・居合術も奥義を極め、それぞれ印可を得ている。

北方上高額村に草庵萩薄堂を結び、和漢の書を講じ、射劔を試み、医師として二十四年過した。天明三年（一七八三）円城寺派弓術師範として、さらに卜部家神道を指南するとして召出され、五人扶持を給された。五代藩主容頌《かたのぶ》公の侍講となり、さらに寛政三年（一七九一）六十三歳のときには、初代藩主保科正之の霊廟見祢山社の社司となり、祭式の改定に尽力した。寛政八年老衰をもって致仕し、同一〇年五月六日に死去した。享年七十一歳であった。

著書は、『会津藩著述目録』（写本）には八十の書名があげられている。ただし同書によると、現存するのは『藤門像賛』と『会津干城伝』のみである。

『藤門像賛』は、安永五年（一七七六）に、中野義都が自ら藤樹心学派の指導者の姿を描き、それに賛を付したものに、北川親懿が各人ごとに略伝を追記したものである。

序に次いで三浦常親が付言を書している。中野義都自撰の書であるから原本には義都の画像はなかった。義都の像は北川親懿が画師永沢に画かせたものである。

現在喜多方市岩月町入田付の三浦家には、三浦常親の模写した『藤門像賛』が残されているが、鮮やかに彩色されたもので、義都の原書を彷彿とさせる。筆は会津ばかりでなく、京・江戸・大阪の淵岡山門流の藤樹心学指導者に及んでおり、今日得るものには計りしれないものがある。

井上国直は、通称忠左衛門、諱を国直といい、安貞と号した。享保二年（一七一七）に生まれ、寛政二年（一七九〇）正月十七日に歿した。享年七十四歳であった。小田付村（現喜多方市岩月町）の村《むら》長《おさ》井上作左衛門国用の弟である。

『岡山先生示教録』・『二見直養翁芳翰集』・『難波叟議論覚書』などを研究し、矢部文庵・島影文石を先達とし、矢部湖岸・東條次慎らと藤樹心学を研鑽した。北川親懿は「井上国直言行略伝並碑」のなかで、つぎのように述べている。

（安貞先生は）若いときから中国の古典に親しみ、それらを書写した。藤樹心学に志し、淵岡山先生、木村難波翁および諸先覚の語録により思索を重ねた。矢部文庵に親しく学び、研鑽を怠らず、矢部湖岸、中野義都、東條次慎等と集り、講習討論すること、夜をもって日に継ぐほどであった。

また会津藩の家老西郷近張の家士嶋景文石叟に親炙して、江戸の二見直養先生の遺書を譲り受けた。それらの書物に触発され、気付くこと多く、ついに良知の意味することを悟り、道のよってきたるところを理解した。容貌と言葉つきは泰然自若としていた。多くの者が先生について道を学んだ。安貞先生は貧窮で日々の糧にもこと欠く有様であったが、生活が苦しくても困難なことを避けず、道を行った。生涯信念をゆるがすことはなく、いつもゆったりとして憂いを顔に出すことはなかった。(2)

北川親懿《ちかよし》

北川親懿は、姓は菅原、氏は坂内《ばんない》、坂内親懿、菅原親懿ともいう。坂内助十郎あるいは助三郎と称した。後に医名を北川恕三と号した。それぞれ理由があって使い分けしていると思われるが、紛《まぎ》らわしいので、この書では北川親懿でとおすことにする。

元文三年（一七三八）に生まれ、文政元年（一八一八）に死去した。享年八十一歳である。初め小田付組稲田の村長で、後に小沼組（十八箇村）の郷頭となり、小沼組の漆《うるし》村（現耶麻郡北塩原村大字北山）に住んだ。

井上国直を師として藤樹心学を学び、矢部湖岸・東條次慎・中野義都らを友として、藤樹心学の振興に尽力した。中野義都の感化を受け、安永八年（一七七九）四十四歳のとき神道に入った。

天明六年（一七八六）四十九歳のとき、江戸・伊勢・京都・大阪・近江をめぐり、各地で藤樹心学の同志と交流し、淵岡山はじめ先覚の墓参をし、越前・加賀・越中・越後を経て帰国した。

われわれが現在目にすることができる主な業績にはつぎのようなものがある。

『岡山先生示教録』巻之一から『岡山先生示教録』巻之七まで七巻の編纂
『五十嵐養庵語類文集』下の奥書
『二見直養翁芳翰集』上の追記
『二見直養芳翰集別録』の跋
『諸子文通贈答録』の追記
『藤門像賛』の追記
「井上国直言行略伝並碑」の略伝の著述
『華翰俗解』

これらのうち『岡山先生示教録』は、岡山の書簡、岡山の示諭を門人が書き留めたもの、門人相互の書簡、などで、内容は多岐にわたる。それらを書き写し伝えられてきたものを北川親懿が編纂し、これによって岡山先生の教示が見えるとして、「示教録」と名づけたものである。

『華翰俗解』は中江藤樹の書簡に北川親懿が注解を附したものである。

このほか曾孫三浦常親の編纂による『北川子示教録』、『北川子文書集』、『北川親懿翁雑記思案録抄』、『先賢要語集』を残している。

北川親懿が後世に残した業績なくしては、淵岡山およびその門流について語ることはできない。北川親懿はまさに生涯を藤樹心学のために捧げたといっても過言ではないだろう。

さらに北川親懿は、藤樹心学の教えを実践した人々を顕彰することも忘れなかった。そのなかの一人関本巨石について『巨石伝』を著し、つぎのような書簡に添えて、本人関本巨石に贈っている。

ご病気の様子伝え聞いております。両脚がしびれて、起き臥しがご不自由になられた由、今日この頃のご気分はいかがでしょうか。私も当三月上旬より膝と膕《ひかがみ》に痛みが出て、はや七十日あまり、絶えて歩行がなりがたく、……ご行跡抜群なことを見聞しておりまして、後世の亀鑑となるようにとご行状を書き伝えたいと存じます。……(3)

『巨石伝』の内容は関本巨石のエピソード集であるが、そのいくつかを紹介しよう。

翁（関本巨石）、寛政のころ、代官所へ呼び出され、「小田付村が衰えたのは、村民が市井の風に流され、本来の務めである農業を疎かにするようになったためであろう。村長《むらおさ》はまだ若く教示も十分ではないので、その方村役人を補佐し、厚く教諭して風俗を正し、村勢を盛り返すように」と命じられたことがあった。

巨石翁は、その任についたことをまったく人には話さないで、村役人にも所見を話すことをしなかった。

私（北川親懿）が思うに、人は通常このような立場になると急に態度を変えて、毎日役場へ出て、いろいろな仕方を工夫し、人を咎め、威勢を振るうものである。しかし巨石翁は一言も口を出されなかったが、自然に風義も立ち直り、村勢も十年前とは格段によくなった。これは多くの人の見るところ、実に巨石翁の徳化が村に行き渡ったことによる。また巨石翁を推挙された代官の眼力も翁に倍するものである。経に云う。君子の教は孝を主題にするので、あらゆる家庭に日々実現されると。(4)

巨石翁の善行の一、二を話せば、御用金を公儀より数十度仰せつけられ、毎度大金を拠出しているのに、最後まで金高の多少を漏らさず、預かった品を返すように拠出した。

また鎮守の祭礼のとき渡御の神輿を寄進し、小田付と小荒井の間を流れる入田付川へ石橋を掛け、殿堂に額を献納するなど、通常の出費ではないけれども、翁が吝嗇の心のない証拠である。上勝の観音堂、万福寺の客殿の額などいずれも翁の自筆である。

小田付と小荒井の間の入田付川は昔から歩いて渡っており、洪水のときには渡れなくなり、人々が嘆いていた。しかし最近巨石翁の嗣子直房が初めて大橋を掛け渡した。渡り初めのとき、橋の遥か上に鶴が舞っているのを見て、鶴橋と名付けた。これも巨石翁の志とのこと、まことに親も親、子も子である。(5)

関本巨石は、名は直為。通称與治兵衛。六種庵・巨石と号した。元文元年(一七三六)生まれ、文化二年(一八〇五)六月に歿した。享年七十歳であった。商業を営む。藤樹心学を熱心に学び、その篤行誠実さは亀鑑と仰がれた人物である。また俳諧をたしなみ書を能くした。この家からは代々俳人を出している。

喜多方市字総座宮《そうざみのみや》の出雲神社(明治四年までは総社神社といった)本殿に関本巨石の筆になる扁額が

現存している。けやきの一枚板に「総社宮　関巨石拝書」と刻書されている。巨石翁の末裔関本渓水氏にお願いしてわざわざ計っていただいたところ、一六五センチメートル×八二センチメートルあった。書風はまことに雄渾、墨跡を彷彿させる見事な書である。書は人なりとか、二百余年の時を経て、まさに巨石翁の人柄が偲ばれる。

晩年北川親懿は郡奉行新妻藤伍と親交を深め、藤樹心学について諮問を受けている。『北川子文書集』はそれを示すものとして、新妻奉行に宛てたつぎの書簡を載せている。

郡奉行新妻氏から今年中には奉行所へ参るよう三度仰せられたが、寒気甚だしくなり、年老いた体では出かけ難く、元智へ左のように伝えておいた。つぎの通りである。

厳寒になりましたが、いよいよご健勝にてお凌ぎなされお慶び申し上げます。過日は遠路お越し下されましたが、婚礼の定めとは申せ、余りにもお粗末にございまして残念に存じます。その節は取り紛れ御礼も申し上げませんでしたが、お土産は有難く受納いたしました。またご領主さまの御尊意つぶさに承り有難く承知いたしました。是非とも参上申し上げるつもりでおりましたところ、寒さ厳しく腰痛がいつもより酷くなり、朝夕の寝起きも不自由になりました。この分では道中駕籠でまいりましても、旅館での起居も覚束なく、残念ながら延引いたします。春になり寒気がゆるみましたら、参上することも出来るかと存じます。ついでのおりお話になり宜しくお取り成し下さいますようお願いします。(6)

北川親懿は、晩年佐藤周庵という畏友を得た。周庵が矢部湖岸に送った書簡を読み、つぎのような書き出しの書簡を送ったのがきっかけであった。

初冬上旬、矢部老翁への御書簡ならびに触発なされた御試書を拝見し得るところ多く、いまだお目にかかっておりませんが、お手紙を差し上げます。寒中のこと厳寒ですが、ますますお元気のご様子、ご自愛なさいますように。愚老は無為に過ごしております。ぶしつけながらご放念くだされたく存じます。(7)

周庵は山三郷《やまさんごう》と呼ばれる吉田組（現耶麻郡西会津町奥川）に住まいし、北川親懿の漆村とは相当離れている。二人は頻繁に書簡を交わし、藤樹心学についての応答から、佐藤周庵が「西山」という号を名乗りたいがどうかといった相談をするなど、親密な交際を重ねた。

『北川子示教録』と『北川子文集』には北川親懿の送った九通の書簡が採録されている。二人の交友の様子をうかがうことができ、また親懿の晩年の心境がうかがえるものである。

その一通には文化四年には十四人いた心学の会への出席者が、この頃は僅か三、四人になってしまったと、藤樹心学に対する熱意と、ままならないもどかしさが述べられており、涙する思いである。

そちらでは同志もおられず、これまで御独学でご研鑽なされ、それのみが残念であるとのこと、至極ご尤もなこと、ご同情申し上げます。当方も幼学講は、林先生が毎月二度ご出席なされ、これまでの通り変わりはございません。

藤樹心学についてはあなたの御志に副って毎月一回づつは林先生もご出席され、心学の会を催して研鑽しておりますが、日を追って衰えており、その上矢部徳子様先月二十一日に病死され、栗村と親懿も年老いてしまい、参加者もようやく三、四人になり、もはや藤樹心学も絶え絶え、残念でなりません。結局私どもの不徳のいたすところと申し訳なく思っております。なんとしても一、二人優れた人物を得て、藤樹心学を後世に語り伝えるようにしたいと、毎回話し合っていますが、その人を得るに至っておらず、時命のこと是非ないことでございます。(8)

書簡が触れている「幼学講」については次章で精しく述べることとする。

この時期に名をのこしているもう一人の人物がいる。加藤雄山である。通称を銀蔵、後に藤九郎といい、号を義適《よしたつ》といった。寛延二年（一七四九）に生まれ、文化四年（一八〇七）に死去した。耶麻郡小沼組雄国新田村小名葦平の長である。

雄山は北川親懿を師とし藤樹心学を学んだ。親懿の目に触れなかった文を集め、補遺として、『岡山先生示教録追加』を編纂した。

『藤樹夫子筆蹟授受之証書』の授受

寛文年間から今日まで先人が営々と学び伝えてきた、衰微しつつある藤樹心学を振興させ、いかにして後世に伝えていくか。

安永五年（一七七六）十一月八日、藤樹心学の講習討論終了後、井上安貞、矢部湖岸、伊関通賢、北川親懿、東條方知、東條苗成、五十嵐常成、中野義都はその方策を真剣に検討した。

そして中江藤樹の筆蹟を藤樹心学道統の証しとして伝えることが提案され、決定された。

藤樹の筆蹟とは、中江藤樹が門人の山田九右衛門に与えた書簡である。明和三年（一七六六）に二見直養から門人の浜名恒久に与えられたもので、浜名恒久から矢部湖岸に送られたものである。矢部湖岸が十余年にわたって大切に保管してきた。

この書簡は、『藤樹夫子筆蹟授受之証書』として丁寧に軸装され、書簡の跋としてこの証書を受けた者が末尾に自署していくこととした。以下証書授受の模様はその跋による。

この席で矢部湖岸から東條方知に継がれた。さらにその場で方知から井上国直へ、国直から中野義都へ、義都から北川親懿へ受け継がれた。

その後『藤樹夫子筆蹟授受之証書』はつぎのように引き継がれていった。

寛政九年（一七九七）二月一日　北川親懿から栗村珍英へ。さらにその場で長嶋富修へ。

文化元年（一八〇四）九月十六日　長嶋富修から矢部直麗へ。

文化四年（一八〇七）三月一日　矢部直麗から新明宗広へ。

ところが新明宗広は文化七年（一八一〇）に急逝し、『藤樹夫子筆蹟授受之証書』の引き継ぎは途絶えてしまった。

そのまま道統の絶えることを憂えて、北川親懿は長嶋富修と協議して、その二年後の文化九年（一八一二）八月十五日、『藤樹夫子筆蹟授受之証書』を五十嵐常救に引き継がせた。さらに常救はその場で井上直鏡に引き継いだ。

文化十五年（一八一八）三月五日、北川親懿は病床にあって歩行もままならない身でありながら、五十嵐常救とともに、『藤樹夫子筆蹟授受之証書』授受の席に立合い、井上直鏡から矢部惟督に引き継がせた。

北川親懿はこの年に死去しており、後世に藤樹心学の道統を伝えたいという北川親懿の執念には、まことに鬼気せまる思いがする。

淵貞蔵の会津墓参と淵良蔵の相続

中野義都、北川親懿らが『藤樹夫子筆蹟授受之証書』の授受を定めた翌年、安永六年（一七七七）六月、淵貞蔵は会津へ墓参のため帰郷した。会津での滞在は九月中旬まで三か月におよび、滞在中北方はもとより、若松でも大歓迎をうけ、諸生は毎日貞蔵の宿所に参集したという。

天和三年の淵岡山の会津訪問のときには、藩の執政にまったく無視された。元家老の友松氏興がその扱いを慨嘆したときとは異なり、このたびは官民こぞって温かく迎えたようである。

『諸士文通贈答録』中のつぎの書簡から、その間の状況を知ることができる。

安永六年夏六月中旬、京都より淵貞蔵殿会津へ下向され、九月中旬京都へ上られました。滞在中諸生が毎日会集しました。淵氏の滞在中は、その様子がご家中へも伝わり、小山田小斎（伝四郎）殿、老御用人中根源五右衛門殿、儒者松本和兵衛殿などと懇談されました。淵貞蔵殿の滞在が大守君（第五代藩主松平容頌）へ、内々にて達し、左の通り仰せわたされ、藤門の諸生一同は大いに喜びました。

御用人伊藤清左門殿より松本和兵衛殿へ申し渡された文の写しは次の通りです。

『松本和兵衛へ

このたび京都より淵貞蔵と申す者、故郷へ墓参のためまかり下ったとのこと、太守はこの者藤樹学への志があつい者であることをお聞きあそばされ、すばらしいことと思し召された。よってごく内々に、蠟燭《ろうそく》五十挺下されることになったので、そのように取り計らうこと。

右のとおり仰せ渡されたので蠟燭五十挺を頂載に帰京するように。(9)』

松本和兵衛は五代藩主容頌《かたのぶ》に仕える儒者である。四代藩主容貞《かたさだ》の事蹟を撰述したことで知られる。名は重標、号は西湖、字は子由という。嫡男は松本重堅（古文辞学派）、その子息を松本寒緑（崎門学派）という。ここには朱子学、陽明学（藤樹心学）というわだかまりは払拭されている。学者間の闊達な意見交換がなされ、淵貞蔵に好意をもった松本和兵衛が藩主容頌《かたのぶ》に淵貞蔵について言上したことがうかがえる記事である。

この五年後、天明二年（一七八二）淵貞蔵は死去した。享年六十八歳であった。

淵貞蔵の死去により、京都の祠堂と学館は淵良蔵に引き継がれ、良蔵が第四代の学館主になった。淵良蔵は貞蔵の長子で、寛延三年（一七五〇）に生まれ、寛政十一年（一七九九）に亡くなった。享年四十九歳であった。

ここで改めて淵家の家系をみてみよう。

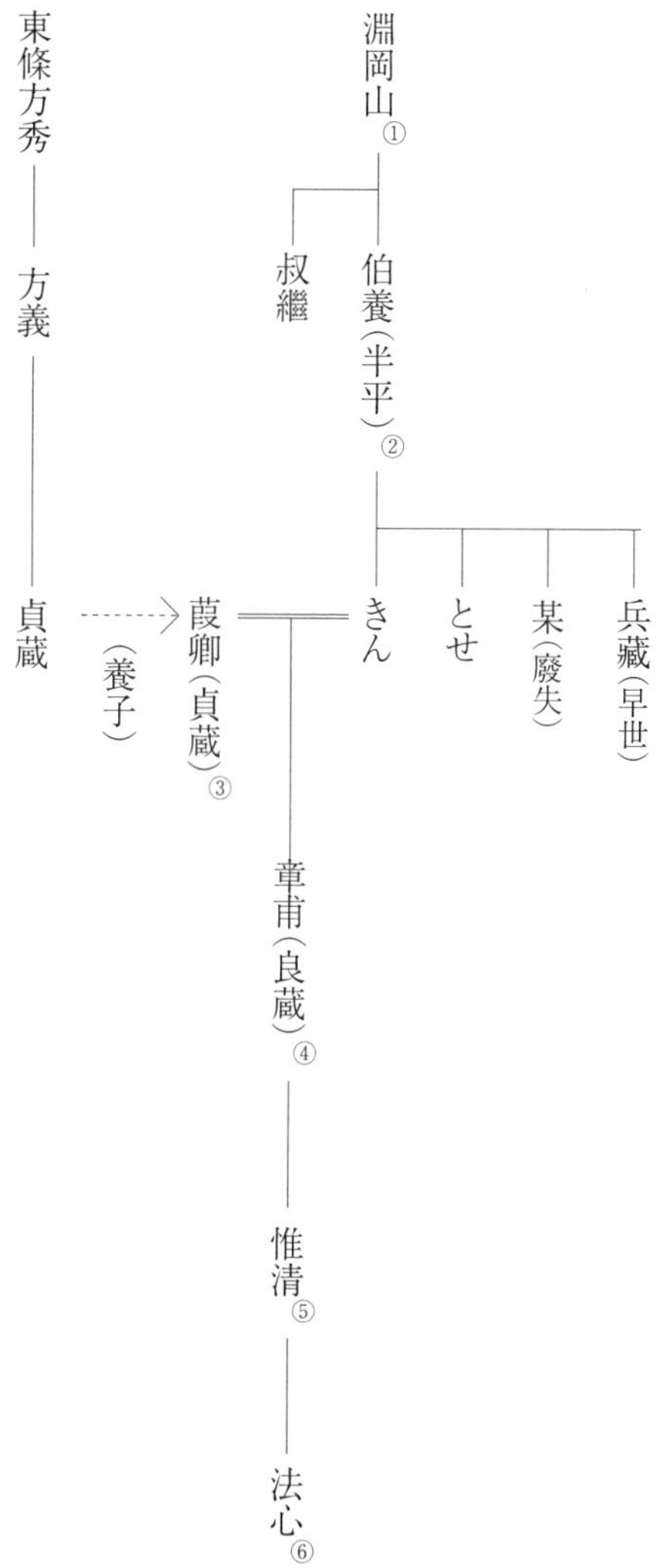

　淵家の血統は六代法心で絶えた。惟清・法心については詳細不詳である。[10]

　天明八年（一七八八）京都の大火により、祠堂と学館、さらに財政的基盤の一つであった貸家などすべてが類焼してしまった。それを伝え聞いた北川親懿は非常に心配し、淵良蔵へつぎのような書簡を送ったことが『北川子示教録』に記されている。

　二月二十日に出されたお手紙、五月中旬に到着、詳細に拝見しました。火災にて罹災されたとのこと驚きました。先般禁裏が炎上し、京都市中残らず焼失したとの風聞を耳にし、大変心もとな

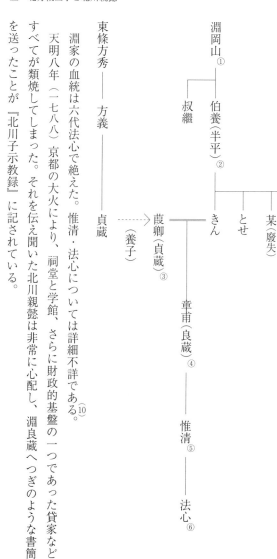

く思い、当方よりも書状を差し上げましたが、届いたでしょうか。御祠堂ならびにご居宅も類焼したとのこと、巡り合わせとは申しながら、これはこれは私どもみな気の毒に存じております。しかし先師の神主は無事にお移しなされ、皆さまお怪我もないとのこと、このうえもなく大慶に存じます。土蔵が当時のまま残り、そこを仮屋としてお住まいの由、さぞご不自由でございましょう。

この状況に、助成のこと仰せなされましたので、早速会津北方三子の子孫をはじめ同志が集まり相談しましたが、当地の皆みな元気がなく、一向に用立てするほどの出金ができません。

元来お屋敷は岡山先生ご在世の時分にお求めなされましたが、資金不足により、諸方の同志が合力しました。その後引き続き、数度諸生の拠出により修覆を加えるなど、この道を後世に綿々として伝えようとの先覚たちの大志により維持されてきました。

お屋敷は諸方の同学の持前であり、ご自由になさらない旨、御祖父様半平様のご証文があり、半平さま没後お書替なされました。

元文二年二月のおきん様とおとよ様連印の証文を当地で保管しており、この古証文等をも皆で拝見いたし、捨て置き難いことであると、いろいろ相談しました。

何を申すにも大飢饉以来は、ことに皆みな不如意であり、無理に取り計い、ようやく十二、三両ほど集まるようです。

これまで通りにご祠堂を建てればいかほどかかるでしょうか。当地などで建てれば三十五両もかければできます。ご祭祠ならびに会所に差し支えますので、御祠堂に続けて十二畳位の書院を建てるとすれば、概算いかほどで出来るでしょうか。見積り書を下されば、なおまた出金を増やすよう取り計らってみます。各地よりの拠出金もあるでしょうから、それらを合算し、ご祠堂を先にお建てになるようお願い申し上げます。(11)

東北は天明二年（一七八二）から、天明四年（一七八四）にかけて、冷害型の大飢饉に襲われた。世にいう天明の大飢饉である。

会津藩は表高二三万石、南山御蔵入領五万五〇〇〇石（会津藩の預かり地）であったが、天明二年は低温、長雨のため一一万九一二〇石が収穫不能であった。

翌三年は前年にも増して寒冷な気候のうえに、六月には大暴風で河川が氾濫し、山郷の村々の作柄は皆無となった。里郷でも、会津盆地北部の五目、慶徳、熊倉、塩川、代田《よだ》の各組の渓流にかかる地方の作柄も皆無同然となった。減収二八万石である。

さらに天明四年は旱魃で、雨が一滴も降らず、領内米八万七六〇〇石の取落となった。

会津藩未曾有の大凶作である。

わずか数年では立ち直ることは覚束なく、京都の祠堂と学館再建のための費用の捻出は困難であった。しかし苦しいなかで最善の努力をしようと、悲壮なまでの熱意を表明している。

六　幼学講

幼学講設立の経緯

日新館が開校して四年後の文化五年（一八〇八）、北方には特筆大書すべきことが起こった。小田付、小荒井、塩川の三か村に幼学講が設けられたのである。三浦常親が心覚えを書き綴った『北領雑記』（「〔付〕『北嶺雑記』書誌および解題」参照）という自筆本に、幼学講設立に至る経緯と、運営に関する規定が詳細に記されている。これらはこれまで未発表の資料である。以下詳しく見てみよう。

日新館の運営が軌道に乗り始めた文化四年（一八〇七）一一月、会津藩大司成（学校奉行）上田伝治は、領内の学術振興のため長文の布告をした。

学校の諸生、学問に精を出し、上達の者もいると聞こえているが、総じてその学風は知識を広めることを主とし、九経を卒業の後は、歴史あるいは諸子の類のみを読誦し、経書はおろそかにしているようである。

に始まり、

……学問は身を修め、国を治める道である。歴史を調べ、古今の風俗の違い、制度の沿革や支配者の交代する理由を学び、諸子を活用して国家有用の人材とすることは云うまでもなく、いたずらに博識であることを誇り、記文章句のみを学問の対象としていては、学問をする真の意義を見失ってしまう。……

と続く。

そして布告の最後に、執政はじめそれぞれが、学問の成果があらわれるよう、諸生の勉学環境に配慮するよう求めた。また会所において儒書の講釈を行うのを止め、すべての奉行に対し、毎月二日と二十二日、五ツ半（午前九時）に日新館に出席し、講義を受けるよう要請した。(1)

北川親懿はこの布告を知り、喜びをつぎのように記している。

時なるかな。命なるかな。領民のすべてが謹んで喜ぶことである。真理実学を学ぶ機会として今年初めて承わり、年老いた親懿、非常な喜びである。定めてご大老のお考えによるものであろう。これが実行されれば日本全体の模範となる。これは土津《はにつ》神君（初代藩主保科正之）の御余恭である。まことに素晴らしいことだ。(2)

親懿の推測する「ご大老」とは田中玄宰《はるなか》（一七四八〜一八〇八）のことである。天明元年（一七八一）若年寄から家老に就任、二十二年間家老を務めた後、享和三年（一八〇三）大老となり、文化五年（一八〇八）大老のまま死去している。

藩政の大改革を行い、殖産振興により藩財政を立て直し、兵制を改革し、さらに教育改革に取り組んだ。学校奉行を設け、日新館を新設し、『日新館童子訓』を編纂した。

会津藩中興の祖と称せられた人物である。

藩主松平容衆《かたひろ》は、「数百年来会津において学ばれてきた藤樹心学が絶えてしまうのは、まことに無念である」と、藤樹心学の振興策の立案とその実施を命じた。

佐藤周庵はこの布告を受けて、衰えつつある藤樹心学を振興しなければならないと所信を上申した。

文化四年（一八〇七）九月二日、この上申書が、藤樹心学振興のための核となる人物として、北川親懿と塩川村の谷右衛門の名前をあげていることから、郡役所は二人から藤樹心学の振興策を徴するよう、熊倉代官志賀他三郎、沼上代官岡田丈右衛門へ指示をした。

藤樹学が近頃衰えてきていることから、吉田組新町村医師佐藤周安が考えを申し出、その書面では小沼組郷頭坂内伊兵衛親恕三と塩川村谷衛門両名の名前をあげている。それぞれ集り、活発な討議をするよう指示したいと考えている。集会はどのようにし、担当者は誰と誰にすれば早々に振興できるか、両人に腹案を申し出るよう指示されたい。

以上

九月二日　　郡役所

熊倉御代官也
志賀他三郎殿

沼上御代官也
岡田丈右衛門(3)

北川親懿はつぎのとおり申上げた。

吉田組新町村の医師佐藤周庵が、藤樹学衰微の状況につき所見を申上げたとのこと、誰を集め、どのように取り計らえば藤樹学の振興となるか、見込みを申し出るようにとのご書面承りました。

ご当地では、百年以来ご家中町郷村ともに、藤樹学を学ぶ者おびただしくおり、既に藤樹先生の高弟岡山子は、『会津ハ魯国なり』と、たびたび称美されたと伝えられております。

土津《はにつ》様（初代藩主保科正之）のご聖徳の恩恵ゆえと、先学から伝えられていますが、段々衰え、近年迄に先学の者どもも死去し、今ではようやく会日を決め切磋しておりますが、参会者のなかに藤樹学に通達する者もないなか、以前行われていた会の次第を見ておりますので、そのときの様子を皆に伝える程度でございます。

道の大意を会得し、徳功兼備の者がおれば、自然とその徳化によって、この学問も後世へ残るでしょうが、今日の様子では百余年の間、ご当地に語り伝えてきた藤樹の学問は絶えてしまうだろうと、まことに残念に存じます。

しかし仰せでございますので、左に申上げます。
一、浜崎お触下八ケ組に、お代官所が四ケ所ありますので、お支配二ケ組の内より、生質朴実で、人柄よろしい者をご吟味の上、十四、五人宛お選びなされ、一と六は沼上、三と八は熊倉、五と十は小田付、四と九は上三宮と、一ケ月に六度、組ごとに集会するよう仰せつけられ、当学問を議論し、互いに切磋するよう仰せつけくださるようお願いします。
この会場については、一ケ月に一回はお代官所をお貸し下され、その余の五回は同志が申し合せ、持ち回りで集会いたしたく存じます。

一、塩川村の谷右衛門、上高額村の仁右衛門、小荒井の半十郎と徳次右衛門、この四人の者どもは、天理通達の者でもありませんので、師範に選ぶべき者ではございませんが、数年来当学に心を寄せ、先学の書物も読み、会の様子も見聞きしております。藤樹学の家筋ではありませんが、当学の書籍なども所持しておりますので、沼上へは谷衛門、熊倉へは仁右衛門、小田付へは徳次右衛門、上三宮へは半十郎を、会の取りまとめの任に仰せつけられたく存じます。

ただし、小田付村の半三郎と忠右衛門、上高額村の清十郎、金川村の丈右衛門、この四人は藤樹学を少々学んでおりますので、さきほどの四人へ一人ずつ加えたいと存じます。

四ケ所へ大勢毎月六度ずつ集まれば、真理実学を忘れ、異端と思われ、または党を結び、悪事を目論んでいるのではないかとのお疑いもあるかと心配しておりましたところ、幸いただいま御見習の族司ご出役のことですので、集会の都度ご出席なされ、状況をご見聞くださるようお願い申し上げます。

なおまた諸生出席の勉学状況もおただし下されば皆の精進の薦めになり、至極よいことと存じます。

一、毎年三度ほど郡御役所をお貸し下さり、四会場より全員を集め、その時は国学司業の御方様がご出席くださり、孝経のご講釈なりともお聞かせ下さいますようお願い申し上げます。

一、山三郷には周庵がおります。野沢、小川庄、ならびに戸ノ口、中荒井、お触れ前の方には現在藤樹学の者がおりませんので、お代官所で、一組につき一人または二人実義の者をお選びくださり、適当な会場へ出席致させ、その者たちが段々当学問を理解できるようになれば、北方にて取り計いする仕組みをお仰せつけ下されたくお願い申し上げます。

右の通りお計い下されば、大勢の内には、天生その器に相当する者もおり、藤樹の御素志に通達し、必ず道統の者も出来、ご当地に当学が絶えないようになると存じます。

また諸生がご領内中に散在すれば、不忠不孝の者には大孝至忠の道理を言い聞かせ、悪事悪業の者には善事善行の事を諭し、人欲に迷い、心身を苦しめている者にはその惑いを明かし、心が安楽になるよう教諭します。

人に固有の本然の善に立ち帰り、闘争の念も自然と山畔を譲る心ばえになり、ご仁政ますます御国中へおよび、堯舜の治となるものと、憚りながら愚者の管見を申し上げます。

以上

文化四年（一八〇七）卯九月　　坂内恕三(4)

谷右衛門はつぎのとおり申上げた。

このたび藤樹学の振興のために、所見を差し出すようご指示を頂きました。

藤樹学につきましては、親懿が永いこと学んでおりましたので、私も先輩について徐々に学んでおりますが、愚かな私ですので、その学問においては万分の一をも自得しておらず、申上げることは憚り入ります。しかし考えを申し上げないことにはご無礼でありますので、左の通り申し上げます。

藤樹学は、四書五経の外の学ではございません。聖人の道を学んでおります。一般の男女であっても、学べば聖人に近づくことが出来ないことはありません。

会合を持ち、先学の教えを語り、忠孝の道を学んでおります。礼義正しくし、意と知とを弁え、良知に至る時は、身を修め、天下国家を治める道にいたるものと承り、これまで学んでおります。身近な学問であると思っております。

また孝はもろもろの徳のもとです。すべての教えは孝より生ずるとの教えであり、忠心も孝より出たものでない忠心は忠心ではないということです。父母へ孝行を尽くす道を語れば、一文不通の万民も、よく理解すると存じます。

また余力のある者は経学を広く学ぶようにと、先学より承っております。のちのちは自然に孝経、大学、中庸を読むようになるということです。

この学問が進みますと、家業の励みにもなりましょう。また一般庶民の風俗の取置きの一助にもなると存じ奉ります。

詳細につきましては、漆村の郷頭恕三（北川親懿）が先日所見を差し上げました通りで、ほかに申し上げることはございません。

文化四年卯十月　　　　塩川村　谷右衛門(5)

幼学講は、答申内容より若干規模は縮小されたが、ほぼ答申の線にそい、郡役所から幼学講の運営に関する規定（学則）が公布され、翌文化五年（一八〇八）、塩川・小田付・小荒井に設けられた。幼学講の師範には林漸蔵が任命された。

御代官所小沼組郷頭坂内伊兵衛親恕三こと、かねてから心学を学び、手腕のある人物であるから、このたび小田付、小荒井、塩川の三ケ村の幼学講において、来年正月より毎月二十五日に会集するよう指示した。恕三は塩川村谷右衛門へ伝え、両人は主だった同学の者と集り、すべて幼学講師範林漸蔵の指図により、学則にしたがって取り計らうよう指示する。以上

文化四卯年十一月九日　　郡役所

志賀他三郎殿

なお会日には毎回林漸蔵が出席する。学則は幼学講へ渡しておく。(6)

幼学講運営に関する規程

『北嶺雑記』には幼学講の運営に関する規程が詳細に記録されている。儒教の経典のうちの最も重要な五種の書の一つ「礼記《らいき》」の冒頭の篇「曲礼《きょくらい》上第一」からの引用に始まる詳細なものである。原文は文語文である。

〔入門規程〕

礼記の曲礼篇に、

人びとに教えて風俗を正しくする仕事も、礼を用いなくてはうまくいかない。師について学び、やがて仕えて官人となるためにも、礼を用いなければ師弟の間が親和しない。(7)とある。

故に、師弟となるに際しては、教学の礼は厳正でなければならない。ことに入門は師弟の契約の初めである。その礼は守らなければならない。

一、初め先生席につき、次にお代官が席につく。生徒の名前と歳を記した帳面をお代官の前へ差出す。お代官はこれを受け取り、先生の前へ座りこれを差し出し、「これらの者どもを以後ご教授願いたい」旨申す。その時一同先生へ対して礼をする。ただしお代官始め以下の役付の者は何れも礼服。十四歳以下の生徒は礼服なし。十七歳以上であっても持合せない者は平服でも差支えない。

一、先生、生徒に対し答礼をする。

一、お代官は、生徒に対し、「ここに居られる林氏へ教示するよう仰せつけられたことであるから、慎しんで先生の教えに従い、日頃人格を養い、立派な人物となるよう努力しなければならない。心得違いの者が居れば、常に締まり方の者が実態を調査の上申し出る。このことを常によく心得て慎まなければならない」旨を申し聞さなければならない。

一、締まり方の者が熨斗三方を教場の中央へ差出す。生徒一同拝謝したのちこれを取る。

一、先生が教令を読む。生徒は終始平伏し、慎んで拝聴しなければならない。

一、先生が一章を講義する。生徒は始めと終りに平伏し、一礼する。
一、先生とお代官が退席する。ただし先生とお代官に対する送迎の意は、入門の式により表わす。
一、生徒の座席の位置と退席については、入門の式の通りとする。
一、生徒の父兄のうち、五人組単位で手札をもって、先生の宿舎へお礼に参上すること。その後お代官所へ行き、御礼を申し上げること。済み次第幼学講手伝の者の宿舎ならびに村方締まり方宅へ廻り、今後お願いする旨を述べること。

〔授業に関する規程〕

一、諸生五人組、無理に誘引し、あらあらしい態度があってはならない。会席へ出席するときは、締まり方へ届け出ること。締まり方の前へ帳面を差し出し、各自名前を記すこと。幼年の者は締まり方が代筆してもよい。講義開始後、遅刻の者があるときは、名前の上へ遅参と記すこと。
一、生徒の座る位置については締まり方が指示し、全員が行儀を正しくすること。ただし、五人を一とし、一列に年長を先に座らせ、初回一緒に並んだ組は、次回は後席へ廻し、順番にすること。
一、生徒が座り終えたら、先生とお代官が席につき、一同平伏する。
一、講義の間は、全員私語を禁ずる。
一、手伝の者と締まり方は、受講の行儀を見廻り、必要な注意をする。

一、先生が教令を読む。生徒は平伏し、慎んで拝聴すること。
一、手伝の者が一、二章を講義する。生徒一同は始めと終りに一礼すること。
一、先生が一章を講義する。生徒一同は、始めと終りに平伏すること。
一、先生とお代官が退室する。生徒が退室する。
後列の者より順々に起ち、締まり方の前で一礼して退室すること。進退ともに少しも混雑することがないよう制すること。
一、授業の日には、その都度締まり方は一、二間進み出、先生とお代官を送迎すること。
ただし、十二日、十三日、十四日は始めてであるので、村役人ならびに締まり方の者一人が村端まで送迎すること。宿舎より教室へお出での時は、締まり方の者一人が先生を案内すること。

もっともこれは毎年授業の初日だけである。そのほかは出迎えする必要はない。
一、入門したい者は、最初お代官所へ願い出、お代官より先生方へ申入れ、許可されれば、締まり方の者が同道し、会日に出席すること。入門の式は追ってほかの希望者と一緒に行う。ただし、出席簿については他の生徒と同様とし、支障があって欠席のときは届ける必要はない。

〔授業日〕
正月　十九日　小田付　廿日　小荒井　廿三日　塩川
二月より十一月迄
朔日・十六日　塩川　九日・十九日　小田付　十日・廿日　小荒井

〔欠席届〕

一、先生が事情により欠会されるときは、お代官へその旨を通知し、お代官所より村方へ知らせる。ただし、欠会になるときは、師範より役所へその旨届ける。

一、お代官が公用により欠席の節は、師範方へその旨を通知する。ただし、通知はお代官、先生とも書面ですること。

一、生徒に支障があって欠席するときは、その理由を書面で届けること。ただし、宛先は「締まり方様」とする。

〔手伝の者の任務〕

一、会日の都度、一、二章を講義する。一回一人宛、輪番に講義すること。

ただし、地下人については、家業に多忙で、学問することも難しい環境にある。しっかりした考えもなく、ただ習慣に流されて成長するので、五倫の道に疎《うと》く、義理に暗い。道理に悖ることが多いので、善心から日々離れ、欲心が起こり易く、罪を逃れたいという心のみである。その上格言にいう善心に立ち返り難いので、耳に聞きやすいように、古人の善行を五倫の道に結びつけ、昔話のように分かりやすく説き聞かせ、日頃己れを慎み、天理の善心を養い、質朴実行を第一とするよう教導することが肝要である。

一、生徒が特別に熱心であったり、怠けたりするなど、勉学に特記事項があれば記帳し、毎年十二月中に師範へ提出すること。

一、授業のときは、すべて締まり方の者を手伝うこと。

一、幼学講については、すべて師範の指図に随い、御用を勤めること。

〔締まり方の者の任務〕

一、会日の都度出席いたし、生徒の勤怠を正し、授業を運営すること。ただし、お代官、先生の送迎と生徒の欠書改めについては、規程に示す通りである。

一、毎年十二月に生徒の出欠を調べ、帳記いたし、勉学の状況、日頃の人柄の善悪について特記することがあればその都度師範の手元へ差出すこと。

ただし、地下人については、日頃学業の助けがなく、もっぱら日常の仕事の合間に学ぶ程度なので、風習のなかで成長している者である。村風により人としての善悪を判断しているので、風習は大切である。たとえば若者のリーダーと目される者が善人であれば、自然とまわりの者も宜く育ち、また悪に走れば自然に子どもの育ちも悪くなる。人により村風の善悪が左右され、それが他村にまで移り、政令教化の妨げになる。常に若者と日常の交わりに厚く意を用い、心得違いの者や、教令に示す悪行の箇条に該当することを行う者が出た場合、そのほか風俗を乱す者がいる場合は、幼学校へ申し出なければならない。

一、今日では生徒の父兄が子弟の教戒もすべきことは勿論である。あってはならないことであるが、大勢のうちには万一心得違いの者がおり、酒食に耽り、家業を怠り、あるいは男女の間の猥りがわしい噂などがある者は、子どもに対する教示の障りになるので、父兄の間の噂であっても幼学講へ申し出なければならない。

一、生徒のうち、ご法度を犯し、御所当を受ける者が発生した場合は、ことによっては締まり方の者の落ち度となる場合もある。

一、幼学講に関することについては、すべて師範の指図に随い取り計らうこと。

締まり方の名前　小田付　忠右門　半兵衛

小荒井　徳次右門　半十郎

塩川　谷衛門　金川　丈衛門　手伝　新助

さらに郡役所の指示により、これら三か所の幼学講において毎月二十五日に、幼学講師範林漸蔵の参加を得て、北川親懿を中心として運営会議「心学の会」が持たれることとなった。

第一回の会合は、翌年正月二十一日に、師範林漸蔵の参加を得て、小田付村の借り上げ教場甚十郎宅で開かれた。出席メンバーはつぎの十四人である。

恕三・谷右衛門・新助・仁右衛門・伊三郎・半十郎・徳右衛門・甚次郎・幸右衛門・丈右衛門・永治・忠右衛門・半三郎・甚十郎（亭主）

こうして発足した幼学講であるが、師範や指導者が死去し、次第に衰微し、ついに消滅した。『北嶺雑記』を残した三浦常親は、幼学講設立の経緯や運営規定を記した後、つぎのように慨嘆している。

右の幼学講は、三か所に設け、藩の補助を受け、維持費まで用意したもので、まさに会津の美挙というべきであった。しかし年を経ずして、師範も死去し、その後はいつとはなしに廃された。学校も番人がいるのみである。再興の時至らず、まことに嘆かわしいことである。(8)

七　藤樹心学　会津における最後の継承者

五十嵐常救より『藤樹夫子筆蹟授受之証書』を引き継いだ矢部惟督は、たびたび北川親懿の嗣子坂内親陽に引き継ごうとしたが、親陽は固辞して受けない。

やむなく天保七年（一八三六）四月二十八日、親陽の子息三浦常親に引き継いだ。常親は親陽の次男で、坂内家より三浦家に婿入りした。初め助三郎、改め七郎または友八といった。御番所係を務めた人物、北川親懿の孫である。(1)

まもなく死去した親陽は、死に際して、『藤樹夫子筆蹟授受之証書』を中江藤樹の祠堂に納めるよう常親に遺言した。

この年常親は二十八歳であり、恐らく親陽は、藤樹心学道統の証しである『藤樹夫子筆蹟授受之証書』継承者としては未熟であると思ったのであろう。

三浦常親は、祖父親懿と父親陽の藤樹心学振興にかける思いを深く胸にきざみ、伝えられてきた遺書を詳細に研究し、この年の十一月一日、遂に『会津藤樹学道統譜』を完成させた。つづいて『会津外藤樹学道統譜』に着手したが、未完のまま残されている。

基礎資料となったのは、中野義都著の『藤門像賛』と北川親懿の『北川子示教録』である。大正五年（一九一六）二月、この『会津藤樹学道統譜』が著者三浦常親の子息齊藤一馬によって紹介され、東敬治が主宰する雑誌『陽明学』に掲載されることにより、はじめて会津の藤樹心学が世に注目されることになったのである。

『藤樹夫子筆蹟授受之証書』を祠堂に納めてから二年後の天保九年（一八三八）十一月二十二日、三浦常親は藤樹心学再興の志を固め、その決意の表れとして、『藤樹夫子筆蹟授受之証書』を祠堂から再び受け出し、手元に置いた。

七年後の弘化二年（一八四五）三月二十四日、『藤樹夫子筆蹟授受之証書』を真宮謙長に引き継ぎ、真宮謙長はその場で穴沢準説に引き継いだ。

以後『藤樹夫子筆蹟授受之証書』は穴沢準説が保管する。

安政六年（一八五九）、次代に引き継ぎをしないまま穴沢準説が死去し、道統の象徴である『藤樹夫子筆蹟授受之証書』の継承者は途絶えてしまった。

そこで翌七年二月十七日真宮謙長、三浦常親、斎藤治衛門、穴沢新助が集まり、穴沢準説の霊前で『藤樹夫子筆蹟授受之証書』を真宮謙長に返し、真宮謙長はその席で三浦常親に引き継いだ。

三浦常親は、各家に伝わる遺書遺文の収集に尽力し、安政元年（一八五四）、序あるいは跋をつけて整理した。『東條子十八箇條問記』、『難波叟議論覚書』下、『松本以休先生示教録』、『二見直養翁芳翰集別録』、『植木是水示教録』、『北川子示教録』、『先賢要語集』である。

この二年後文久二年（一八六二）藩主松平容保が京都守護職に任ぜられ、会津は歴史の大暴風のなかに突入して行くことになる。

道統最後の継承者となった三浦常親は、『藤樹夫子筆蹟授受之証書』を大切に保管するとともに、藤樹心学振興のため尽力した。

しかし戊辰の戦役による惨禍は会津全域に及び、北方も例外ではなく、戦火は北方全域に及んだ。特に九月十一・十二日の熊倉、小田付付近の戦闘は熾烈をきわめた。その詳細は「竹屋・熊倉方面の史蹟研究」（横山信八・会津史談会雑誌第一〇号）に記されている。

三浦常親は藤樹心学振興に心残りのまま明治十四年死去した。享年七十七歳であった。

『藤樹夫子筆蹟授受之証書』一軸は、今日喜多方市入田付の三浦家に他の多くの遺書とともに厳重に保管されている。

余章　明治以降の動き

淵岡山とその門流の遺書が世に知られるようになったのは、東敬治が会津喜多方に遺された遺書を主宰する雑誌『陽明学』誌上につぎつぎと発表したからである。

明治三十四年（一九〇一）十月十七日、笠井劼が藤樹門下の末流の中村治助を近江国高島郡安曇川村大字五番領（現滋賀県高島市安曇川町五番領）の家に訪ね、古書の積み重ねの中から、はからずも『岡山先生書簡』と題する三冊の写本を発見し、それを書写し、大切に保管していた。

しかしその当時は岡山先生とはどのような人物なのか詳らかでなかった。

一方明治三十七年（一九〇四）頃小川喜代蔵は、藤樹書院の文庫の中から享保年間の「書院日記」と「藤樹書院日乗」を見出した。これにより京都、江戸、会津等の同志が年々つぎつぎと参拝している状況を知り、淵岡山の影響の大きさに注目した。

明治時代後期～昭和初期に、陽明学会を組織して機関誌『陽明学』を刊行した東敬治は、日本の各所に陽明学者を調査して、遺書遺言を発掘し、それを『陽明学』誌上に発表し、顕彰に努めていた。

東敬治は淵岡山に注目した経緯を『陽明学』誌に大要つぎのように記している。

明治四十一年（一九〇八）七月、東敬治が初めて藤樹書院を参拝し、書院の宝物のなかに古歌三首と題して、三枚の短冊が一軸に表装されて掲げられているのを見つける。

よくみると中央には中江藤樹の短冊、その両側に蕃山と岡山のものがあったので、「なぜ同じ人のものを二つも出しているか」と案内者に尋ねた。

熊沢蕃山は岡山に深い縁のある人物であるから岡山も蕃山の短冊か、それにしては師の藤樹の短冊が一つなのに、弟子の蕃山のものが二つとは不自然だと、敬治は訝《いぶか》ったのである。

「岡山はオカヤマではありません。それは淵岡山《ふちこうざん》の短冊です」との答えに驚き、手をつくして岡山について調査し、中村治助の伝える『岡山先生書簡』三冊を書写してもらった。

その後、陽明学会会員の川村某が『岡山先生書簡集』の別本を東京の古書店から見つけて、陽明学会を主宰する東敬治のところへ持ち込んだ。敬治と川村某は苦労を重ね読み終え、淵岡山の学統が歴然と会津に存していて、なおかつ遺書も残っていることを知った。

東敬治が淵岡山に注目したこうした経緯を『陽明学』に掲載したのに触発されて、小川喜代蔵は笠井勧と連名で、明治四十二年（一九〇九）『陽明学』に三回にわたって、「淵岡山」という論文を発表している。

その論文には淵岡山の出生地を会津であるとしてあり、執筆時には、会津に伝えられていた遺書『北川子示教録』などは、まだ目にしていなかったようである。『北川親懿翁雑記思案録集』には「奥

仙台之産にて、伊達家之臣下に候由、仙台之家中には同姓之方も有之様に相聞候」とある。(1)

東敬治はこの後も、会津の地に岡山学統の遺書が伝来していないか、その学派の人でまだ世に知られていない人がいないか、と探していた。

明治四十五年（一九一二）、福島県舘岡に住む五十嵐哲太郎から、敬治のもとに「我が家に藤樹学派の書籍と思われる写本が伝わっているが」との書簡が寄せられた。

取り寄せてみると、『樋口覚書』であった。その紙質は古色蒼然たるもので、この写本は五十嵐家に伝わってすでに十一代経っているということであった。内容は樋口某がただ自分の修養に適切なものをあつめた一種の備忘録である。

東敬治はさっそくその中の二条を選び、『陽明学』に評註を付して紹介した。

その後も敬治の会津に対する関心は続いていたが、大正四年偶然の機会に会津出身の齋藤一馬と知り、会津に縁ができたことを非常に喜んだ。

齋藤一馬は三浦常親の次男で、青津村（現会津坂下町青津）の医師齋藤元泰の養子となった。当時の三浦家の当主三浦定彦の叔父にあたる。昭和五年に亡くなった。(2)

敬治は会津の藤樹心学事情を知るのに最も適切な人物にめぐりあったのである。

敬治は、「これまで会津人に藤樹心学について問いただしても、明瞭な答えをする人はいなかった」として、齋藤一馬に会津の藤樹心学について尋ねた。

一馬は早速生家の三浦家から、三浦常親著になる『会津藤樹学道統譜』・『会津外藤樹学道統譜』

（未完）を取り寄せ、それに一馬自身が経緯を附記して手渡した。

東敬治はこれを一読して、目を輝かせ、「これこそ私が日頃から知りたいと思っていたものだ。」と、早速『陽明学』に掲載した。

「会津藤樹学道統譜」と「会津外藤樹学道統譜」は後に『藤樹先生全集』（昭和三年・藤樹書院・岩波書店）第五冊に採録された。「会津外藤樹学道統譜」は未完のままであった。

会津喜多方に藤樹心学が学び伝えられてきたことが世に知られ、世人の注目することとなった。

東敬治は齊藤一馬に会津北方に伝わる藤樹学について『陽明学』に寄稿するよう依頼した。

齋藤一馬は敬治の要請に応じ、会津の生家三浦家から同家につたわる遺書を取り寄せ、大正四年（一九一五）十二月から七回にわたって、「会津陽明学考」として会津北方における藤樹心学の沿革を寄稿した。

東敬治は齋藤一馬から『岡山先生示教録』を借用し書写するとともに、「淵岡山の学風を研究するには実に唯一無二の書」であるとして、『陽明学』に評註を加えて掲載している。東敬治はその後も熱心に会津北方から遺書・遺言を蒐集し、それらに評註を加えるなどして、『陽明学』にほとんど毎号掲載した。

大正九年（一九二〇）三月三十一日から四月五日まで、東敬治は齋藤一馬の手配により、会津喜多方に旅行した。一馬は甥の三浦定彦に対し、敬治の調査に最大の協力をするよう要請した。

敬治は『陽明学』第一三五号に、そのときの様子を「会津陽明学遺跡に遊ぶ記」として掲載している。大要つぎのようである。

三月三十一日、敬治は早朝上野駅を発って夕刻喜多方駅に着き、齋藤一馬の甥の三浦定彦の出迎えをうけ、旅館に落ち着いた。

翌四月一日は、耶麻郡長須藤信正を郡役所に訪ね、懇談し、夜は宿所で三浦、新井、須藤の各氏と深更まで、北方の藤樹心学について語り合い、藤樹心学の遺書と思われるものは残簡断篇にかまいなく、ことごとく一見せしめてくれるよう依頼した。

二日は、終日宿所で、つぎつぎと持ち込まれた遺書を読んで過ごした。それらの書が意外に多数集まったことに驚いて、つぎのように述べている。

現今学問相続にその人なきも、百余年先賢輩出の遺跡だけのことありて、なお多数残簡の存するものあり、あるいは二巻あるいは三巻一巻のもの多く、闕巻のものあれども、かれこれ予が未見の書にて、およそ三十六種の遺書はともに斯学上参考の資料として、極めて有益たるを疑わず。

三日は、細雨降る中、岩崎大用寺に矢部惣四郎、遠藤謙安、矢部湖岸らの墓を参拝して、つぎのような感慨をもらしている。

予は思うに、かかる先賢の遺跡のごときは、単にこれをその子孫ばかりに委《ゆだ》ねおくべきものにあらず。一郷のもの、または一国のもの、師としてその余慶を受けておる限りは、その人はもとより、また一郷一国衆人の祖先ともみるべきものなれば、独りその子孫ばかりの私すべきものにあらざるや明らかなり。

四日は、午後から郡教育会の求めに応じ講話をし、夕方東條方秀、方義らの墓所を参拝し、翌五日帰京した。

大正十年『藤樹先生全集』の編集がはじまり、柴田甚五郎は委員の一人として、東敬治のもとで同全集の編集に尽力し、中江藤樹の遺書遺文を求めて全国を歩いていた。

大正十二年三月依嘱をうけて、会津に行き、北方の藤樹心学に関する遺跡を視察し、遺書を収集し、会津に伝わる藤樹心学の研究を行った。

その成果は、昭和十七年「藤樹学者淵岡山と其学派、事蹟の研究」、昭和十八年「藤樹学者淵岡山と其学派、学説の研究」、昭和二十一年「藤樹学者淵岡山と其学派、岡山学派の研究」として、それぞれ「帝国学士院紀事」に発表された。

東敬治が会津北方から収集し、自身で筆写した写本は、柴田甚五郎が藤樹書院所蔵のものとともに引き継いだ。そして甚五郎から一括して東洋大学に寄贈された。

その存在に着目して改めて調査したのが木村光徳である。その研究成果は『日本陽明学派の研究―藤樹学派の思想とその資料―』（昭和六一年・明徳出版社）となって結実した。画期的な業績である。

吉田公平先生は東洋大学に奉職して原写本を調査するなかで、木村光徳の『日本陽明学派の研究』に補正を加える必要があると、筆者とともに改めて淵岡山および門流の人々の遺書・遺文を収集・翻刻・編纂し、二〇〇七年『中江藤樹心学派全集』上下として上梓された。

喜多方市岩月町宮津字岩崎の太用寺山墓地には、藤樹心学関係者およびその家族が祭られている。

八家一二七基の墓石がそれぞれの家ごとにロの字あるいはコの字の形にならんでいる。

そこには矢部惣四郎（一六七七年没）・遠藤謙安（一七一二年没）・遠藤常尹（一七三四年没）・森代松軒（一七四六年没）・五十嵐養元（一七五八年没）・井上友信（一七五九年没）・東條次愼（一七七六年没）・矢部湖岸（一八〇二年没）・矢部直麗（一八一二年没）・矢部惟督（一八三六年没）の墓石が現存している。

〔付〕『北嶺雑記』　書誌および解題

『北嶺雑記』　自筆本　二冊一帙
二冊とも題簽には「北嶺雑記」とあるのみ。便宜上、上巻、下巻として区別する。
上巻：外題は「北嶺雑記」。見返しに「寄贈柴田甚五郎教授」の長方印あり。内題なし。直接本文となる。一頁目右下に、「東洋大学図書館」の長方の朱印あり。縦一五糎七粍。横九糎九粍。丁数六十八丁。紙質、比較的強い和紙。本文と裏表紙の間には遊び紙なし。
東洋大学図書館記号・番号　一二一・五一UD一―一。
下巻：外題は「北嶺雑記」。見返しに「寄贈柴田甚五郎教授」の長方印あり。内題なし。直接本文となる。一頁目右下に、「東洋大学図書館」の長方の朱印あり。縦一五糎七粍。横九糎九粍。丁数七十三丁。紙質、比較的強い和紙。本文と裏表紙の間には遊び紙なし。
東洋大学図書館記号・番号　一二一・五一UD一―二。

内容
　上巻
○会津藩大司成（学校奉行）上田伝治の仰渡文　○坂内恕三（親懿）が藤樹心学研修会について郡役所へ差しだした文　○幼学講式（入門式・会席之式・会日之定・心学之会・欠席届之事・手伝之者勤方・〆り方之勤方）　○『北川恕三覚書』からの抜粋　○中江藤樹の佃氏への書簡　○会津藤樹学諸生会約之文　○中野理八郎と大竹喜三郎の会津藩目付坂井吉兵衛に対する訴面　○大塩平八郎の触れ文　○『論語』からの抜粋
　下巻
○『孟子』からの抜粋　○『徒然艸句解』からの抜粋　○『孟子』からの抜粋　○『華翰別録』からの抜粋　○釈迦十大弟子　○『草花集』下からの抜粋　○『老子』からの抜粋　○『二見直養翁芳翰』からの抜粋　○『老子』からの抜粋　○『徂徠答問書』からの抜粋　○『明良範続集』巻六からの抜粋　○『家語執轡之篇』からの抜粋　○『伝習録』巻之三上からの抜粋　○『草花集』からの抜粋　○『二見直養翁芳翰集』上からの抜粋　○濂洛関閩之四先生　○『土津神君言行録』からの抜粋　○『会津孝子伝』からの抜粋　○『梧窓漫筆』からの抜粋　○馬術ノ歌　○『論語』からの抜粋　○『醫療手引艸』中編上からの抜粋　○『屋根○巻物』からの抜粋　○『近思録』からの抜粋　○『北窻瑣談』からの抜粋　○『全人論』からの抜粋　○「中庸之序」からの抜粋　○「書経之序」か

らの抜粋　○『大光普照集』からの抜粋　○『療治茶談』からの抜粋　○『北川恕三覚書別録』からの抜粋　○邦畿　○十子言性　○『草茅危言』之二からの抜粋　○常親私試　○尺八一節切之吹様　○仏家之五戒　○四大海・六大州　○五十音　○『先哲叢談』巻之一からの抜粋　○岡山子の書簡　○其角の友人への書簡　○『北窻瑣談』巻之三からの抜粋　○音声之事　○呂律之事　○『論語』からの抜粋　○会津刀匠の系図

本書は、北嶺子が関心のある文書や読書等により得たものを抜き書きしたノートである。

筆者については、「北嶺子は予が別名」（下巻・三十九丁）とあるのみで、姓名は明らかでない。しかし、「常親私試」（下巻・四十六丁）、「常親誌」（下巻六十四丁）、『常親私云』（下巻・六十七丁）との記載がある。

上巻の内容のほとんどすべてが三浦常親が生涯最も力を尽くし、その興隆に腐心していた藤樹心学に関するものであることから、「北嶺子」とは三浦常親と断定して間違いない。

ちなみに「北嶺」とは、常親が日々仰き見ていたであろう万年雪をいただく飯豊連峰（福島県・山形県・新潟県にまたがる。主峰は二一〇五メートルの大日岳）に由来するものと思われる。

三浦常親は、会津小田付村小田付（現喜多方市岩月町小田付）の人。はじめ助三郎、後改めて七郎、また友八と称した。諱は親馨、のちに常親と改めた。

享和三年（一八〇三）に生まれ、明治十四年（一八八一）に七十九歳で歿した。（「入田付三浦氏系譜」

による。）会津における藤樹心学中興の祖と称される北川親懿の孫、坂内親陽の次男である。常親は会津藤樹心学学統の最後の継承者であった。会津藤樹心学道統の象徴とされた『藤樹夫子筆蹟授受之証書』を最後に受け継いだ人物でもある。

藤樹心学が衰運に向かうなかで、復興の志をたて必死に尽力し、伝えられてきた遺書遺文を詳細に研究し、天保七年（一八三六）、『会津藤樹学道統譜』を執筆した。ついで『会津外藤樹学道統譜』に取りかかったが、未完に終わった。

さらに各家に伝わる遺書を蒐集し、序あるいは跋を附して整理した。『東條子十八箇条問記』・『難波叟議論覚書』上下・『松本以休先生示教録』・『二見直養芳翰集別録』・『植木是水示教録』・『北川子示教録』・『先賢要語集』である。

なお、『北嶺雑記』下巻の末尾の「会津刀匠の系図」に附された張り紙の筆者「定衛」は、常親の嗣子である。（「三浦氏系譜」による。）

中江藤樹の心学と会津・喜多方　注

Ⅱ　中江藤樹の心学を学び伝え続けた会津の人々

一　藤樹心学の会津における学祖―大河原養伯と荒井真庵

（1）『横田三友先生年譜』正保四年丁亥「先考二十八歳」の項

（2）『家世実紀』巻之六十四「土津様御誕生以来保科家御養育迄之御事歴、従公儀就御尋御吟味被仰付」の項

（3）『横田三友先生年譜』「明暦二年丙申　先考三十七歳」の項

（4）先考集同志二三輩於宅、講習論語。時士庶不招而来、列于講筵者数十人。先考不能拒而許之。自是講解不怠、経三年而終巻。（『横田三友先生年譜』「正保三年丙戌　先考二十七歳」の項）

（5）二月延寿寺法印尊易恵倫寺堂頭布春及訓桃等相議而謂先考曰、君今為聞法華講日々到于此。吾輩以為幸也。唯惜不聴君之談儒也。翼法華講筵之次、或一月六度或四五度当講説儒書。吾輩亦可謂有益也。先考愈辞。而愈請。故不得已而許諾焉。乞講中庸矣。先考熟捜章句或問之微旨而、莅于講筵二三次、於是群士相聚而聴之。随日而講席無容膝之地。其僕従如雲而嘩于寺門之内外。然無所禦之。依茲先考憚之。尊易布春亦相議曰、衆士欲聞道而来聚吾輩不能拒焉。且此地有東照宮、則僮僕群会恐有過失耳。宜暫止中庸講也。乃止矣。其後士輩二三人就于先考之宅、而屢請之。先考不能黙止而終篇。（『横田三友先生年譜』「正保四年丁亥　先考二十八歳」の項）

（6）同志諸生二三輩、惜明暦年中、大学巡講半途而止、請再起之。於是先考議曰、巡講豫定講主限番次則講主独尽心而聴者似疎略。又一人起疑、則其餘但悠然聴他之評論耳。又見今時講経伝者、不詳其理而徒要口舌華。故不用力於章句、而屢採諸儒雑説而随其易解者講焉。如此則何日得真理乎。宜制巡講之法。（『横田三友先生年譜』「寛文元年辛丑　先考四十二歳」の項）

（7）乃相約曰、刻講日一月三次、則各有九日餘暇。宜詳章句或問之旨耳。又宜察諸儒之当否也。又及講日聚其筵、則作人数之鬮出之捜之。得講主之鬮者、即従座起而可勤其日之講也。講了則又別作一二三四番之鬮而皆捜之、随其先、後次、各当対講主而設疑問、建評論。但以其理之勝者為断也。（『横田三友先生年譜』「寛文元年辛丑　先考四十二歳」の項）

（8）又或有人求列其員、則出座之初日先自当勤一座之講也。否則不許列其員矣。所以然者如何哉。嚮所謂要口舌之華、而不究其理者、入此講筵而受疑問、遭詰難則必生懲創之心而換其面目、改其染習有得増進矣。（『横田三友先生年譜』「寛文元年辛丑 先考四十二歳」の項）

（9）『藤門像賛』藤―四

（10）師会津之来客ニ対シテ曰、各千里ヲ遠トセスシテ小屋ニ来リ。此学ヲ講スルノ志親切ニシテ、吾儕恥ル処ナリ。保養の備へ用意アリテ、カリソメニモ病難ナカルヘシ。是予カイタハル処ナリ。扨此陋巷ニ来リ給フ事、只先師ノ学ヲ尊信ニ在リ。先師ノ徳広厚ナル事、暫愚ナル身ヲカリテ是ヲ云ン。我レ中人以下ノウチ特ニクレタル人品ナリト雖トモ、サマテクラマサル一端在リ。此自己ノ知解ニシテ如何ソカハカリノ試アランヤ。偏ニ　先師之徳化ト旦暮ニ此ヲ仰クノミ、諸生猶年アリテ感得アルヘシ。（『岡山先生示教録』巻之四　岡示四―四六）

（11）閏五月講堂成。號稽古堂。先考作堂記兵幷講園筵式矣。往年聚同士輩而巡講学庸。了先考與諸生相議、将作講堂於市井之外静間之地。四月十四日定其制命工匠。先考司之、指指揮諸事矣。堂室成則無為庵如黙居守焉。（『横田三友先生年譜』「寛文四年甲辰 先考四十五歳」の項）

（12）今夏家君与諸生相談、丁城之乾隅市井之、営作稽古堂。令如黙為堂主。……、（『横田俊晴年譜』「寛文四年甲辰　近俊十三歳」の項）

（13）『家世実紀』巻之七十一「二月十五日、講所幷町講所へ学料御寄付」の項

(14) 九月二日、先考肇講論語於稽古堂。先是諸人雖需講於先考、或病身、或憚公慮而固辞矣。田中玄正伝聞而解之求其講義。於是開講筵而講開論語。一月六次、是日流寓士岡田淡路守後号素伯太守家老田中正玄及松平主膳 因幡守之子 其外城中近臣数輩、市井両史鵜沼氏木村氏乃至巫医僧童農工商賈。不論貴賤、不犯講筵之法、豫通其姓名而集聴之。乱履満于戸外矣。講学之盛無如此時也。可謂後世美談矣。踰歳而終篇。(『横田三友先生年譜』「寛文五年乙巳 先考四十六歳」の項)

二　大河原養伯と荒井真庵の帰国後の動き

(1) 六月十四日之夜大原六太輔様にて会。村越公朱子陽明藤樹の見所御講談被成候。同六月十七日村越公福良に御泊り被成候ニ付、為御暇乞。遠藤庄七郎)殿以下数輩同道仕候。如斯伊左衛門記置候へハ、村越様は江戸常府之士と見得申候。(『岡山先生示教録追加』岡示追―九)

(2) 貞享二乙丑六月廿五日、落合権太夫様、黒河内彦兵衛様、牧原源六様、同只右衛門様四人、私宅へ御立寄被成候に付、御供仕、上高額へ罷越。大勢にて御議論被成候を承り、廿六日ニ御門送仕罷帰申候。(『岡山先生示教録追加』岡示追―一六)

(3) 謙庵、壮年岩崎村之長たりし時、初秋町御蔵へ収納ニ御登候所岩崎より町蔵行程六里其日ニ御用筋相済、暮方ニ宿元へ帰り、食事を致し候内に思ひ出し、扨今晩ハ御家中へ会席之御約束申候処、忘却し罷帰候とて、支度し、押返し、若松へ罷登り、会席ニ罷出、諸生と交会し、立帰候処か、岩崎の先キ、稲村にて夜晩方ニ及候由、岩崎領分へ参候頃ハ、夜も明候処、其街道脇に、たはこ作置候畑有之候ニ付、夫へ寄り、たばこの虫を拾ひ、夫より宿へ帰り、常之朝飯の様のよし。一昼一夜に廿四里御用を達、会席を勤、往来せられけるに、草臥つかれと申而も無之、平日ニかかる事なしと語り伝へ候。(『北方三子伝』)

(4) 今宵音楽ヲ聞クニ、君子ノ楽ムヘキ事ニ非スト思フ処ヨリ、面白不レ聞ナレハ、是誤リナリ。勿論知サレトモ、君子ノ音楽ニ比セハ中々不二面白一事ナレトモ、是モ又面白キヤウニシタル世ノナラハシナレハ面白事也。タトヘハ今此都ヨリ大坂ヲ見ル時ハ、扨大坂ナトニテハ物ノ慰ム事モアルマシク思ハルレトモ、大坂ニテモ心ノ慰ム事在ルカ如ク也。扨城宇カ上手ナルヲ以テ思フニ、古ヘハ琴ハ公家方ニノミ在テ、只人ナトノ挽事ナシ。然ルニ筑紫善道寺ノ者ナルカ、玄桑法水ト云坊主、琴ヲ挽事ノ上手ニテ、江戸ヘ下リ、我宗門ノ事ヲハ脇ニナシ、琴ヲ人ニ教テヨリ、以来琴ヲ世ニ翫ヒ、段々ウハテウハテノ上手出来レリ。通矢ナトモ始メハ只十一筋ナルカ、段々多ク通スホトニ、二百三百通シ、今ハ星勘左衛門八千筋通シタリ。是皆上手ヲ励ムニ因テナリ。其外諸藝、古ヨリ抜群上手ニナレリ。是ヲ思フニ、吾道ノ修行ニモ、聖人ハ先置、少々ノ君子ヲハ腰ニツケルホトニ思ヒ、全ク君子ニ至ラントセハ、必上達疑ナカルヘシ。然レトモ吾人君子ヲ高遠ニ思ヒ、平生難レ及卑下スルニ因テ、イツモ勇ミナク、怠リカチナリ。聖人ト云トモ世上ニ替リ各別ニハ在マシキ也。孔子ハ大聖ニテマシマセトモ、東家ノ丘トイワレ玉フ事モ在リ。カヨウ論初学ノ人得手方ヘ悪ク是ヲ聞テハ却テ害アルヘシ。（『岡山先生示教録』巻之二　岡示二―五八）

（5）京都由屋町徳屋町稲葉右京亮殿御屋敷御払候に付、延宝二年甲寅霜月廿八日、岡源右衛門殿価拾五貫三百目に買取申候。其身老人故、町儀等桑名屋八左衛門買分にて相済者也。後日八左衛門其外此連判之者共之屋敷と申儀無レ之事実正明白也。右之屋敷被二相調一候節、源右衛門殿銀子不足故、各合力申候。其書記則左面に記レ之者也。他日違乱之義出来候ては最見苦敷存、何も相談之上にて此一札を認畢。依而如レ件。『北川親懿雑記思案録抄』北思―三

（6）先師の道廿四ケ国へ渡り候由此党幾千人といふ事を不レ知国々にて切磋講論すへし。然るに神儒老荘之徒又は儒学にも朱子学を信する有三輪学とて陽明の学筋有り。堀川学とて伊藤仁斎より古学を唱ひて、徂徠学なと色々学筋も有る事なれは後世に到りては他学の筋当学に混雑、先師の学筋国々にて違ひ候様可レ成事也。扇子の骨より地かみは諸国也。要は京師の学館也。然れは得道之人を以て要めの学館へ館守に据置地紙の

国々より骨々を便り要めへ出て大道を評論講議切磋する時は天下当学無㆓異同㆒様に成る道理。また京師へ出る事ならさる者は書信を以預㆓教示㆒後世千百年之後を岡山師深く御思慮被㆑成ての御事と難㆑有事におもひ侍る。（『北川子示教録』北示—二〇）

（7）此学館は岡山先生聖学為㆓基本㆒年来御願被㆑為㆑建、藤樹之道後世綿々として永久ならん事を欲し給へ、諸生を集めて学脈を教示し給ふ。四方之同志信㆑之仰㆑之学館に来て教へを受学て、平日聖経賢傳を講明し、心術躬行議論切磋之功不㆑懈。岡山先生御在世之内に藤樹之学筋廿四ケ国へ渡り候由。（『北川親懿翁雑記思案録抄』北思—一）

（8）若松逗留之中に会城の士住吉河原にて乱火打拆打候由。或人其時代之家老友松勘十郎氏興之宅へ参昨夜乱火を打候処京都下り候学者共も見物にまゐり候と物語候へは氏興聞給へいや心学の棟梁は参る間敷と御申候由。はたして岡山先生は御越あられず。門人の内なと参り候而見物致候者も有㆑之候由。まことに君子は互に言行一致なる事也とて申伝候。其節氏興被㆑申しは君子国に入給ふ時は其式礼も有㆑之事之処岡山入国の事上におゐて不㆓相知㆒不㆑及㆓其義㆒残念成る事也と被㆑申候由。（『北方三子伝』）

（9）岡山同道之門人冨松祐庵とて歌人有けるが、友松氏興も正親町全道卿の門にて古今伝授之歌人故、君ならて、誰にか問ん、古への、道を学へる、人ならすして。とよみて冨松祐庵へ申遣けれは、冨松鸚鵡返しに君ならてたれかは問んと、答の歌を送りけると也。（『北川親懿翁雑記思案録抄』北思—六）

（10）『北川子示教録』北示—二五

（11）加右衛門ハ元播州山崎之人ニ而、初者僧と成京都妙心寺に罷在、後野中兼山・小倉三省ニ就て儒を學ひ、程朱之學を講し、京都ニおゐて儒業を専らといたし罷在処、此度江戸へ罷下候を以被召寄、小山勘解由殿御招、今日初而論語之講釈被成御聴聞、其後時々被為召寄御講習被遊、当九月廿六日、加右衛門儀京都へ罷登り候節、金子百両・御小袖二つ・御羽織壱つ、加右衛門父へ御小袖弐つ・銀子五枚、母へ御小袖壱つ・銀子

三枚被下此以来出府之毎度御相手被仰付、帰京之節者毎度同様被下之、(『家世実紀』巻之二十五　寛文四年「四月八日　儒者山崎加右衛門被召寄、初而御前講被仰付」の項)

(12) 今度会所へ四書五経何れも集注・近思録・小学・梁玉篇・七書・十八史略・三重譜、以上八部之書、従江戸御調義被御備附置之、(『家世実紀』巻之四十三　延宝二年　正月「会所へ書籍被附置」の項)

三　藤樹心学御制禁

(1) 近来心学を学ひその類多党を結密ニ集り致執行、其類之内ニ死者有之時ハ尋常之葬ニ事替り、仏者を離れ取置之仏事施僧之営をも一切不仕之由粗相聞候、御大法を不憚如此所行大ニ不届成仕方ニ思召候、自今以後御制禁ニ候、侍ハ不及申町在々ニ至迄存此旨、心学之学ひ堅相止候様、且諸寺院へ其宗旨之旦方遺骸を寺中墓所へ送り遣といふとも、寺院之引導を不受葬道ニ替り如何と存候分断を申寺へ不入、其趣旨寺社奉行へ可訴仰出之、(『家世実紀』巻之六十三「十二月廿七日　心学御制禁」の項)

(2) 十二月廿七日有心学制禁之令。且示葬祭皆不可離浮屠之手之意也。先考見其簡書而甚不楽。人皆謂土津神君崇周程張朱之学、晩帰唯一神道。則禁陸氏王氏之學當矣。若言禁異學而崇正派則最當中之當也。何令浮屠之心愈増驕慢耶。顧是妖僧奸臣通謀之為也歟。一日友松氏興謂先考曰、學禁之勢如此也。譬如繞大綱籠罩衆魚。向卿輩雖起儒礼今復危哉。(『横田三友先生年譜』「天和三年癸亥　先考六十四歳」の項)

(3) 『家世実紀』巻之六十四　貞享元年「七月廿六日　組付遠山半三郎、神道之式を以て亡父故犬を葬次第、建福寺黙堂儀耶蘇之疑有之趣申出候ニ付、半三郎并西東蔵人・諏訪宮内少輔等、黙堂訴面　土津様をも奉疑申方之由訴出、阿部豊後守様を以、半三郎・蔵人閉門、宮内少輔蟄居可申付被仰出候処、西郷頼母所存ニ不落入強而相争、黙堂却而御叱、其余ハ以来相慎候様被仰出」の項

(4) 『家世実紀』巻之六十二天和三年「正月二十四日　阿部豊後守様へ御看抱御頼被仰入」の項

（5）『家世実紀』巻之二十三 寛文三年晦日「保科頼母儀、依願御知行千二百石養父十郎右衛門倅九十郎へ被下、頼母へ格別ニ新規五百石被下被召出」の項

（6）『家世実紀』巻之六十三 天和三年「八月五日 保科民部病気ニ付、御役御免之願申上御取上ケ無之」の項。同「九月廿九日、保科民部儀西郷頼母より先輩に罷在間柄不相安、御規式平生共ニ着座下ニ被成度旨訴之趣被聞召、惣而先輩を先立候事前々之格ニ付御取上無之」の項

（7）黙堂儀半三郎を訴候趣過たる仕方ニ被思召候、証文者旦那不離以前出し其後旦那離候義者、顕然ニ候条、其通ニ而可指置旨、半三郎儀不念之仕方不調法ニ被思召候得共、遠慮者御免被成候旨、宮内少輔儀已死者之導師たりといへども、訴之趣過たる儀に思召候、乍去御被成候、向後可相慎旨、蔵人儀事を発したる訴之趣不届ニ思召候得共、御宥免被成候、已来可相慎旨被仰出之。（『家世実紀』巻之六十四 貞享元年「七月廿六日」の項）

（8）『家世実紀』之六十四　貞享元年「七月廿八日建福寺黙堂義、遠山半三郎与致出入御裁断之旨、心底ニ不徹江戸へ退去」の項

（9）閏八月十二日夜先考訪大吏西江近房宅、而議宗旨證文之。近房曰、斯令也天下一同之事、而遠近風俗大小無違之者也。吾子今以微賤之身違其令、而欲立己、其願難哉。譬如以繊鍼刺堅石也。唯翼行陰儒陽佛之意、則謂合時宜也。先考曰、余聞禁耶蘇而未聞禁正道也。然則豈謂違天下之政令哉。竊謂、令四民出浮屠証券者、正道湮没而異教独行也。僕之身雖微賤道太貴矣。何自顧乎。其所顧者義與不義而已。如大吏之言則不謀道義計利害也。（『横田三友先生年譜』延宝八年「八月庚申 先考六十一歳」の項）

（10）九月廿二日有太守之命。傳于會城柳瀬正眞令加藤平右エ門傳之、今般宗旨之事、當随爾之所願也。先考大悦而不出寺院證文乎。……今茲遇耶蘇禁令而不出佛氏之證者、友松氏興及福田良菴斎院春意先考也。（『横田三友先生年譜』延宝八年「八月庚申　先考六十一歳」の項）

(11)……、仙台浪人岡四郎左衛門申者、当四月十八日御当地へ来五月二日罷帰候、此者心学を学ひ相教候ニ而、殊外はやり弟子も町中ニ数多有之候、其取行様ハ理学之筋身持を磨候事ニ而、悪事ニハ不相聞候得とも、人目を忍夜隠会ニ致会集其座を静座と名付、慮知意念抔申詞を以、平生之心持朝夕之身持善悪言出し、相ニ磨合其中学力有之者ハ四書構いたし、或ハ男女之心ニ入候様ニ孝経を以教之、心学申候而熊沢《ママ》とやらん申者之作ニ而新書一巻有之を元とし、同作ニ而翁問答とて五六巻之書、春風と申書是又同作之由、又女性之書籍ニ鑑草申古書ニ同人書入有之書抔を以、男女之心を和ケ其書中又口説ニも、仏道破り捨て事を本ニいたし、専ら忠孝を励し明徳を顕候得者天命ニ叶ひ候者、古より男女ニ有之事とも為読聞為語聞、此類之書籍四五通も有之由、是皆悪心を捨善心を願候義ニ而悪事とハ難申由、乍去人王之御代より在来仏道を削捨、死人取置葬之次第規式を調候ニ、魚鳥を備候事仏道ニ変り、一円合点ニ難及新作ニ相聞候、町中ニ而も父母兄弟妻子抔相果候節此通ニ取置候、尤此道ニ入候者とも持仏堂仕廻候程ニ殊外流行、只今町郷村ともニ千人程も有之由ニ候。其内党取候者ハ当町ニ而荒井彦兵衛・同信庵・大河原良伯・長谷川了仙・角田四郎右衛門、郷村ニ而ハ小荒井村伝兵衛・徳右衛門・甚十郎・儀兵衛・熊倉組郷頭清右衛門・小田付村郷頭勘太郎・同村角兵衛・五目組郷頭弥五兵衛父子・高額村長五郎・岩崎村惣七・下勝村利兵衛・京出村治兵衛等、専相学候由其沙汰無隠、且又薬種屋森川宇兵衛と申者兼而心学心懸候者ニ候処、当霜月頃妻におくれ候節、心学之徒打寄取置葬之次第両日家内に差置、魚鳥備規式を不在仏家ニ、旦那寺本覚寺へ葬送いたし、又七々日之中ニ弟相果候時も同前に取置候由、桂林寺町山田寿斎と申者父相果候節、仏家ニ異成致取置死後之祭等も尋常と相変り、勿論其身持共ニ世人に違候段今以風聞有之、其外玉井雪庵も身持行作ともニ世並ニ違ひ、剰実母病気之砌并葬之様子広沙汰仕候、仙台ニ而家中町郷村ともニ心学を学ひ、陸奥守様ニも御学候処、当夏夏之頃より被成御捨仏道御執行之由、……。（『家世実紀』巻之六十三　天和三年 十二月廿七日「心学御制禁」の項）

(12)……、岡氏と申ハ定而岡四郎右衛門事ニ可有之哉、左候得者忠左衛門御前を相勤候事ニ候間、自然ふと御

前へ御物語を申上、御幼君之御事ニ候得者、若御聴入被遊候事而ハ、此段諸事之障大切成義、……（『家世実紀』巻之六十三　天和三年十二月廿七日「心学御制禁」の項）

（13）……、耶蘇宗旨御制禁天下一統厳重ニ被仰付、此筋之御改諸国無油断候。依而愚意ニ存候ハケ様之時節を御遁し不被成、御郡中四民ともニ只今迄神道儒道之面々共ニ自今以後者御免被成成間敷候間、寺証文差上可申由被仰付可然候。其子細ハ近年町在郷ともに心学と申事致発興、就中北方遠在ハ夥敷其類在之、大方仏道を放れ葬祭之類一切出家に綺せす、常ニ参会候ニも時節を定夜陰ニ大勢寄会、毎朝天を祭候杯と申事在之、いか様常ニ替り党を立候勢在之候。地下へ如此之類遍くはひこり候ハ、、其中ニまきれ者も有之間敷義ニ無之、万一左様之紛者候而者御仕置之怠りニ相聞御為不可然候。無左筋ニ而も其類之者ハ荷担之意も出候て、御政事之障りと相成候類も可有之哉。况押出し心学之類党を立候事、従善道ニ候とも先ハ只今之砌常ニ替り候儀、御家之障と可罷成候間、此節ハ堅御停止被仰付可然、於同意ハ達御聴阿部豊後守ニも被得御内意、急度被仰出候様致度旨申遣候処、……（『家世実紀』巻之六十三　天和三年十二月廿七日「心学御制禁」の項）

（14）……、其内頭立たる者可有之候間、其者屹度申付可然、併加様之者ハ厳被仰付候を本望ニ存儀も可有之候、一同致僉議事静に相止候様取計可然由御下知被成候ニ付、……（『家世実紀』巻之六十三　天和三年十二月廿七日「心学御制禁」の項）

（15）……、大吉頗ル学才有之者ニ付、豊後守様御家来ニ御貰被成度由、高木伊勢守殿を以御所望ニ付被進候、緩々致仕度罷様被仰下候処、大吉義は心学者ニ而師範をも致候ニ付、加判之者共申候は、町在ニおいて心学取扱、其党類相結奇怪仕方有之、万一自然之儀も出来候而ハ不宜義、既に嶋原一揆なとも加様之儀より事起り候へハ、旁以其儘ニ難置、豊後守様へ御相談之上御制禁被仰出候儀ニ候へとも、今以其類慥に相止候体ニ無之、此義ニ而者言上もなく保科民部抔心得を以制之候様致、疑心全く信服不仕様子ニ候、然ルニ今度心学之師を致候大吉義、豊後守様ニ御貰被成と有之候而者、却而御褒美被成候一ツニ相聞、弥其類之者とも先達之御制禁御下知とハ、申間敷、左候へハ、豊後守様御内意も相違之様ニ相成、御双方御為ならさる儀、尤豊後守様ニも大吉心学者と存無之、御貰被成候上御後悔なと有之而者如何と致僉議候へとも、豊後守様ニ而も大吉こと悉御承知之上、御貰被成旨被仰越儀ニ付、加判之者共大吉に御下知申度之、此後大吉豊後守様ニ而知行百石弐人扶持被下温側近被召仕、……（『家世実紀』巻之六十四　貞享元年「四月十二日 御書物預役村越大吉、阿部豊後守様御家来ニ被進」の項）

(16) ……、下ニてさミし申候様成法ハ被相止度事ニ候、只今之通ニてハ、外之法共ニ自軽ク存候基ニも可罷成哉と存候、……（『家世実紀』巻之六十七　貞享二年「十二月廿五日 心学心次第可学旨被仰出」の項）

(17) 『家世実紀』巻之六十五　貞享二年「六月廿八日、保科民部義常々勤方不宜候ニ付、御役儀被召蟄居被仰項

(18) 『家世実紀』巻之六十七貞享二年「九月廿一日山田武兵衛義於配所宝屋村絶食死去」の項

(19) 『家世実紀』巻之六十七貞享二年「九月六日 町奉行野村久兵衛儀、恵林寺後住異論出入ニ、小荒井村安祥寺環秀へ致荷候ニ付切腹」の項

(20) 扨又此騒動芝御屋敷へ相聞、西郷頼母儀詰合候故、沙汰を承候より早く御幼君御様子乍憚無心元奉存、御城迄早馬ニ而乗付候得共、容易ク御門を通候事中々以不相成猶予致候節、去年御国目付として会津へ御出有之候柴田七左衛門殿大手ニ被居、曾根源左衛門殿も中着御門ニ御詰有之候故、其訳申述中ノ口まで罷上り、坊主衆相頼御体相窺候処、殿様ニハ御座所隔何之御滞無御座由承、尤間もなく御下城被成候ニ付、直ニ致御供罷帰候、（『家世実紀』之六十四　貞享元年「八月廿八日 殿様御登城之節、稲葉石見守様於殿中堀田筑前守様を被致殺害候ニ付、御居残り　公方様御機被為候」の項）

(21) 旧臘心学之御制禁被仰出、謹而致承知奉畏候。私義　中将様御代より学問仕来、致休様筑前守正経君也御代ニも為御意、弥学問可相励旨蒙被仰渡候。然所数年以来病者ニ罷成、博文候勤難相成御座候候。故近頃ハ心学切磋仕候。心学之義、堯舜以来聖賢伝授之心法を宗と仕候学術ニ而、朱子門人真西山大舜人心道心之言因之候心

学と申名号を被立候。其後王陽明と申人、孟子良知之説にて心学を発明被致、後是其学盛に唐土ニ被行申候。朱子陽明同異之辨簡ニ御座候得とも、書籍文義之不同にて、専聖人之教を守り、忠孝を励し、心術を納め〇仕候段ハ何も替義無御座候。日本ニ而ハ、中江與右衛門と申儒者、陽明之学を致修行、其門流今以京都江戸其外諸国ニも数多御座候。仍之私義も其筋之学者と致参会候。自餘ハ存不申、私とも議論仕候面々ハ学術之筋ニ而、党を結ひ、密々執行申義、毛頭無御座候。其上葬送年忌之義も元より仏者を不離、仏事施僧之営尋常之通仕候。然ル所心学仕候所存御大法を不憚、不届成所行と被為及聞召段、恐入迷惑至極ニ奉存候。私躰憚多御座候得とも、此段申分ケ仕度奉存候間、乍恐以書付申上候。（『北嶺雑記』）

(22) 御役所へ北方三子一同被召呼一人宛を召出其方とも心学ハ何様之義を相語り候や詳に申上候様被仰付候へハ天下の大道を相学候と申上候よし其次壱人被召出同様御尋被成候へハ天下の中道を相学候よし申上候由其次ニ一人被召出され同じく御尋之被成候へハ孝悌忠信之道を相学候由被申上候由是等之義も心学御捨免被仰付事と語り伝候間後学へ伝へ度。（『北方三子伝』）

(23) 岡山先生御在世之内に、藤樹之学筋廿四ケ国へ渡り候由。大樹公にも相達し、御見へとも被二仰付一、講読とも御聞可レ被レ遊旨被二仰渡一、江府御下向被レ成候処、右取計を任し給ふ時之執政土屋能登守か、堀田加賀守かの内、不明、同職の御方に殿中にて殺害被レ致候由。此騒動にて其事未レ成して帰京し給ふ由。時の至らざると申べし、是命也とて、少も残レ心の形容なと見得給はずとなん。正しく其節は、諸国より藤樹学に志し深く道体会得之同志、不レ残江府へ被レ為レ召、諸大名へ割付に相成、旅宿も被二仰付一候由。既に同月松崎勘太郎なと迄被レ登候由承知候。（『北川親懿翁雑記思案録抄』北思—一二）

(24) 柴田甚五郎「藤樹学者渕岡山と其学派、事蹟の研究」

(25) 柴田甚五郎「藤樹学者渕岡山と其学派、事蹟の研究」

四　藤樹心学解禁後の会津

（1）閏正月朔日太守、使飯沼伊兵エ就先考之所訪問詰難心學之道。是太守、悪近仕之諸輩妄習心學也。先考提其要領、以朱陸之辨奉答之。同十三日西江頼母傳太守之命曰、近日於君席當進講大學。〇同十五日遠山半三郎對祐詮而語曰、太守謂近日進講于大學。時不憚他聞闢心學最可矣。以此旨當相傳三友也。祐詮来告先考也。同十八日受公命登城、講大學三綱領。太守聴之褒之。家老井深茂右エ門西江頼母及近侍諸輩亦次間聞焉。心学之徒傳聞而慍之。（『横田三友先生年譜』「元禄二年己巳　先考七十歳」の項）

（2）近年心学之徒甚盛行、而有害于宋儒之正説。或人来告先考曰、春越頃日入心学之席也。先考一日謂春越曰、女入心學。春越曰、不然。其後亦或人語先考曰、春越入心学、其徒昼夜相集習之。先考又謂春越曰。人謂汝習心学、与其徒頻々相会矣。然我未信之、如何。春越曰、此世人之妄説也。吾親族有習心学者。或有時到彼之家、則不期聞而有邂逅聴其説。雖然予何欲彼学乎。先考曰信然歟。不可必入心学也。春越曰謹聞命云尓。（『横田三友先生年譜』「元禄元年戊辰　先考六十九歳」の項）

（3）太守出号令之書十二箇条。……其命曰、諸士会集于郭内之講所。而討論儒書而可也。又庶人会集于市井之稽古堂、而講習而可也。共不失中将学術之余風。則太守之所願也。（『横田三友先生年譜』「元禄元年戊辰　先考六十九歳」の項）

（4）及大守之号令出、召春越丁寧教之曰、今般大守之善政如此。学道之輩今可謂得時。況汝是守稽古堂乎。尤異于他人。唯冀一心可守神君之学也。於是春越曰。予入心学。故於明徳得一生之見所也。神君之学、予不知可否。棄心学於我不能也。先考驚嘆曰、然則嚮所陳謝者皆偽哉。何欺我甚也。春越曰、心学即朱子学也。先考曰、心学者以誰為祖哉。恐是陸象山王陽明学也。然則與朱学甚異也。此是神君之所悪也。見祢山御廟記曰守宋宋儒之正説、有所発明。棄象山陽明之論、有所決断云云。然汝曰心学即朱子学也。何以言之哉。春越曰、按宗派近江與右エ門惟命者心学之祖、而道流伝自朱子矣。先考曰、今也京洛之学者撰輯本朝孝子伝。而載中江惟命之伝。於本邦以陸王之学教諸生之事顕然矣。汝独誣之哉。汝所謂宗派者誰撰之乎。若又心学即朱子学、則自初謂朱子学而可也。我欲棄心学。而帰朱子。汝云不能棄心学。則朱学與心学不同也明白也。論之及数刻、而不能服也。於是先考曰。恐更有官府之威命、不得已而服、則於我不満于意矣。我久雖教汝、然不従吾学、則何益乎。自今以後、與汝絶交。必勿来于吾家。（『横田三友先生年譜』「元禄元年戊辰　先考六十九歳」の項）

（5）石部桜ハ往昔蘆名家之臣、石部治部太夫居館庭中之桜樹ニ付、于今此称之、希代之名木ニ而、花盛之節は貴賤群集、致御賞翫候ニ付、為御慰御出可被成旨、兼而被仰出有之、今日巳中刻御出被遊御供被仰付候面々、西郷頼母・井深茂右衛門・春日采女・西郷源蔵・番頭神尾六左衛門・萱野権兵衛・杉田五郎兵衛・篠田半左衛門・田中加兵衛・原田五郎右衛門・御城代上田八郎右衛門・御用人杉本源五右衛門、御内証御用人牧原只右衛門・奥番壱人、平番御小性三人、御目付青木源五右衛門・横田九兵衛・鈴木治右衛門九兵衛、治右衛門格式御目付之次、昵近之勤いたし居候　御納戸壱人、御次番壱人、御医師田中玄震・服部春慶、御茶道頭橋爪宗伴、建福寺黙水、天寧寺浪人赤佐是閑等被召蓮、頼母・茂左衛門・仁左衛門ハ御相伴被仰付　御花見被遊、申下刻御帰城、（『家世実紀』巻之八十一　元禄一一年「三月廿一日、石部桜花盛ニ付、為御慰御出」の項）

（6）右三子在世之内杯ハ、此道容易ニハ承る事ハ不相成、門人之内に親炙して、暫く承之、其志を以て届け候上、三子へ願ひ、其者を同道致し候へは、三子対面、寄獨成事ニ。随分出精、相学ひ候趣被申候。五十嵐子ハ千人並にてハ用立不申、迚高声ニ被申候事ニ有之候と語り伝候。（『北方三子伝』）

（7）或時先生病て床にいませし時、京都之出状届を抜き見候へハ、当年江戸金今に不相届、当暮之諸支払方差支申趣申来たりしを、先生聞召て大に〇ひ給、つよく笲（篭）の支度申付よ江戸出起度とて被申ニ付、家内にても大きに驚き、只今病中其御容体にてハ、御道中志危く候。万平に御延引給被成、今晩中ニ飛脚差起可申候と居り合候而達て申伸候処、道の為に旅行して中途に死すとも不苦とて承引無之、笲（篭）の支度出来候処へ、京都の状又々到来、ひらき見れハ、是江戸金参着、当暮の諸払方差支無之趣申来り、養安先生之江戸行相止候と噺伝候（『北方三子伝』）

（8）元禄三年九月、庄七郎小沼組郷頭ニ被仰付、漆村へ引移り相勤候処、元録十丑諸郷村より家材木之願申達候。而も山役所ニ而、諸松山木伐究て相渡木無之とて一向不相渡、郷村甚差支候ニ付、其時之郡奉行之内之以松山有木改、庄七郎と小田付組郷頭五十嵐覚兵衛養庵先生也両人諸山相改候。此儀を山役所より御訴相成公事所之御穿鑿呈ニ相成、庄七郎ハ死罪に相極り候由、元来郷村百姓痛候譯郡奉行衆ハ気之毒ニ思召、会所ニ御窺ニ被成、郷頭ともへ内々にて被為改候事ニ候得と、真平ニ申上候而ハ、郡奉行御障リ候申事、故一存を以五十嵐覚兵衛をも私相○み相改たりと図に申上候。時死刑に被仰付、御評義之処、有徳之君之天道助け給にや、御評義○り他邦へ被追放被仰付、五十嵐覚兵衛義ハ庄七郎相頼候と申上候得共、覚兵衛申上候には庄七郎の頼み候儀にハ無御座候。私所存を以相改め候と、是も他へ不譲、一己の不調法に申上候処、是ハ役義被召放候て相済候。謙安ハ伊達信夫之方へ参候処、伊達の桑打御陣屋御料御代官手代ニ被召○出入被仰付候へ此時やはり御代官手代之○めにて御役所へ罷出○役の御○申上候。〔以下不鮮明にて判読不能〕（『北方三子伝』）

（9）会城甲子有駅云熊倉。旅人無貴無賤、往還不分昼夜。故坐聞他邦之政法。且知人情之厚薄矣。固是一郡之府而昌隆之地也。粤五十嵐養庵覚藤樹先師之学。含深厚之旨趣。不顧長途老労。元録十五癸未年上于洛。且奔走勢州武江処々。而面談岡山門下之同志。依其量、各出微金、于爰置倉廩、使人貸民用、纂其利潤、以永為京師葭屋町祠堂館舎矣。嘗謂子孫及四方之同志曰、先師岡山之尊霊鎮座于九衢、則不絶諸国同志之信、且後世之幸不可量也。若有後来変異、則以衆議評決之妄不可費矣。因悉諸之、故於此有志之士設席、月々定五十会、切磋琢磨厳然也。或人嘆曰交此会、則知所以孝悌忠信之固有自然脱紛紜之塵埃、忘世利分華之習、超然而恰如通精神、固是希代之会席也。可謂清風堂也矣。此言固善、因号之曰清風堂、其銘曰、

城北熊倉駅　人傑地亦霊　河洗許有耳　山蔵千歳苓　万古不伝学　日月出江汀
爰岡山之徒　願後世安寧　択地置倉廩　追遠且録銘　既設五十会　残暑燈流蛍
日新聖之徒　集会似坐忘　時来風雅友　怡々莫逆状　臣論忠子孝　孳々恐亡羊
年祭先師忌　庶幾筑祠堂

（柴田甚五郎「藤樹学者淵岡山と其学派、事蹟の研究」）

（10）宝永之頃会津藤樹学諸生会約之文

一、凡学友之集会以謙虚為主以任的為要可レ求二輔仁之益一。
一、雑話戯語禁之若議論絶則黙止可存養。
一、飲酒不可過三行勿献酬而強之不可及大盞。
右条件各自可慎守過而違之則宣規制焉。

宝永二年乙酉四月日　会陽諸生記之（『北嶺雑記』）

（11）汝か学力を思ふに、四書五経文選まて通しけれとも、藤岡両先師に志ある同志に交り遠きゆへ、議論もうわの空なり。聖学に志君子に至らんと思ふ願ありや否哉。夫聖学の広大高明精微中庸なる儀を不レ辨時は、猶二牆レ面而立一。形体は人間にして其実は禽獣と不レ異。其故如何となれは、何程富貴栄花位禄大官を心のま丶にきわめ得ても、道体の結構成儀を自得せさる時は、凡夫小人の場を不レ免。其子細は縦令は富貴栄花の人に対し御心肌如何と問るに、飲食男女或は名利の場所を不レ出。況や其下なることをや。此は是鳥獣も等しき事也。邂逅難レ得人間と生れ噫惜哉。歎哉。偖又道体の至極結構成は、詩曰。昊天曰《ココニ》明。及トレ爾出イテ、王《ユク》。と出て、今日汝城下より北方迄余か病を聞やむにやまれすして悲み来れり。是則とりもなをさす旻天の命令に順ふと云ものなり。此又及レ爾出王と云へるの義なり。偖又次に、旻天曰旦《アキラカナリ》。及レ爾遊行すと出て今日当下纔も人欲なく自然の命令に従て遊ふ時は、旻天と共に遊ひ楽しむと云へるの義也。又其一等上は、詩ニ曰ク。帝謂レク二文王一ニ。敬シテレ之ヲ敬レ之。天維レ顕カナリ思。命不ルカレ易哉。無レ曰コト高々トシテ在リトレ上。

渉《ノボリ》‐二降《クタリ》厥ノ士《コト》一。日々ニ監ルコト在レ慈ニと出つ。此は天帝の文王へ敬レ之敬レ之と繰返し繰戻し御懇ろに御物語の模様なり。偖其れと申ハ、天道の照臨明らかにして、命令を下し給ふ事容易ならさる儀なり。唯高々として上に在《イマス》と思ふへからす。暫も不レ離人のしわさに渉降り、善悪是非を日々にかんかみ給ひて、其報応福善禍淫の理り毫も不レ違也。能々敬しみ給へと語り給ふの意也。されともさはかりに非す。人々心の中に帝ましまして、時々刻々懇ろにかたり給へり。難レ有事共にあらすや。然共其理に不レ通時ハ、今日空しく打過ぬ。当下吾心に何の思ふこともなく、坦然として無欲なる時、昭々霊々たる命令ありて、実に懇ろに語り給ふなり。又其一等上は、易に大明ニシテ二終始ヲ一。六位時ニ成ル。時ニ乗シテレ六龍ニ一御スレ天ヲと云。明二終始一とは、是今日を見るに、朝六ツ卯の時より万事の始をなせとも、夜半子の時より一陽始りて終りより来る。又四時を見るに、正月は万物の始なれとも、霜月冬至より一陽始り、冬の万物終わりたる所に始を含み、終より始をなす。物皆然り。元亨利貞は春夏秋冬にして、元は万物の始。貞は万物の終なれ共、元に非されは始をなさす。貞に非されは終をなす事なし。終りより始をなし、始より終をなす。循環窮りなきゆへに、始終と不レ言して終始との給ふ。所謂大ニ明ニスル二終始ヲ一也。六位時ニ成ルとは、乾の卦六爻にて成就す。此中天地人あり。其外万物盡く包括して広大明備なり。六龍とは、乾の卦六爻を云。龍の物たる霊深不測の変化妙用時に依て不レ失。是故に天道の神明不測の変化妙用窮盡なきに譬諭す。御レ天とは、万物皆一理を得て生し天の一理を具足す。其一理に依て周流し、毫髪の人欲なき此を御レ天と云。帝舜の依二仁義一行と云へる是也。人は元天地万物の主宰となりて、天地万物を生育す。其ゆへ如何となれは、易に卦六爻にして、上二爻は天、下二爻は地、中二爻は人爻なり。偖こそ人は天地の中間に位して、上下の主宰たる事顕然たり。誠に帝心中に在して、日々夜々御慇懃成儀勿論の事なり。如レ斯結構至極言語道断の理り難レ有事共に非すや。是以君子は能此理に通し、能保合するゆへに、日々に天道に進む。小人は此理を不レ知ゆえに、却て道を亡す、然るに道体合点なき時ハ禽獣と斉し。儻《タマタマ》此生を得て人間と生れ、二度難レ得此身を草木と腐朽をおはしふせん事、

嗚呼惜みても尚餘りある事に非すや如何。孺子唯《イ》として微笑し、黙次。(『遠藤常尹覚書』上 遠常―三)

(12)『歴史春秋』第一一号「会津の藤樹学について」

(13)今日恒例之如く岡山師の御祭祀を執行仕り、諸生参会遺沢を仰ぎ申事に御座候。仍て御服一包蓮署を以て申上致し候。御頂戴なさるべく候。

(14)口上書をもって御頼み申上げ候。亡父謙安存命のとき、私ども兄弟に申し候ようは、藤樹岡山両先師の御学域は天下大一等、人間第一義の義御示教、不肖の子企ておよぶ所にあらずといえども、仁義礼智孝悌忠信の至教、まことに他にあるべからず候。それにつき、それ岩崎は祖先の遺跡に候間、かねて日々師教尊信の諸同志を招き会集し、怠らずあい勤め候よう申し聞かせ置き候。これにより数年右の願いこれあり候得ども、勢い至らず、黙止まかりあり候ところ、最早私ども晩年におよび、勢いあい期し難く候間、にわかに皆々相談仕り、右の陰室このたびあい構え申し候。これにより各様へ頼み入り存じ候。月々一日あて岩崎の陰室へ御参会願い奉り候。お出での節、御銘々焼食の類ご懐中にてお出でくださるべく候。煎茶、汁等の費用は孫七方へたくわえ置き申し候。ご遠慮くだされまじく候。拙者ども死後においても、孫七、左七まかりあり候間、両人方よりお願い申し上ぐべく候間、いよいよもって怠りなくご集会ねがい奉り候。已上。

享保十八年丑十月　遠藤松斎　矢部甚兵衛

(15)葭屋町通徳や町御表へ拾六間壱尺五寸五分、奥へ弐拾四間弐尺壱寸、猪熊今小路町表へ八間、親半平証文之通、諸方之同学友中相談を以、永々為㆓学問所㆒、諸方之同学中各出銀を以、もとめられおき候屋敷に紛無㆓御座㆒候。親半平義相はて候に付、此度私名代に被㆑成忝存候、弥以後御助成を受、諸役可㆑申候。尤万事各御出にて御取立おき候事に候へは、各御差づ何分にも違背仕間敷候。若不了簡いたし、違背不埒成る務方有㆑之候はゞ、誰人に成共御相談次第名代御改可㆑被㆑成候。尤私は不㆑及㆑申、親るい縁者のため当分之家質にも堅く書入間敷事。

子孫之内不㆓相替㆒名代相勤候は、、其節右文言之通、名代証文急度可㆑被㆓仰付㆒候。尤親類縁者都而於㆓此屋敷㆒違乱申族無㆓御座㆒候。為後証。仍而如件。（『北川親懿翁雑記思案録抄』北思―五）

(16)『藤門像賛』藤―七

五　北方後三子と北川親懿

(1) 設會於諸處、循環無端、無一日廢焉、一六為鹽川、二七為漆、三八為高額、四九為小田付、五十為小荒井（『日新館志』六）

(2) 安貞先生……弱冠而読書写字。志藤樹夫子之学。岡山先生木村翁及諸先格之語録委心思。後学親矢部文庵而不怠此道。矢部直言中野義都東條次慎等。集会講習討論。以夜継日。道日々新。月々就。又郭内家士親炙嶋景文石叟。江府受二見先生之遺書。触発発明重度。終悟良知真処。視道淵源。容貌辞気泰然而自若。随先生聞道者。又不少先生素貧窮而糧乏。雖飢素患者難行之。終一点不見動心。坦蕩々而無憂色。（『井上国直言行略伝並碑』）

(3) 御病症伝承仕候処、両脚不仁、起臥御不自由被成候由、今日頃之御氣分如何被成候哉、野老も当三月上旬より膝膕之痛、最早七十日餘絶て歩行不罷成、……、御行跡抜群なる事共見聞致居候間、後世之龜鑑ニも相成候様ニ、御行状を書伝申度候。……（『北川子文書集』北文―一一）

(4) 翁寛政の頃、官所へ召し、小田付之村勢窮したるは、市井之風に流れ、農を失ひたる故ならん。村の長《おさ》もいまた年若にて、教示も行不及事なれハ、其方村役人ニ心を添候、厚く教諭して風俗をなをさせ、村勢も取り直すやうに命せられし事有しか。其任を蒙りたる事を絶而人に不語、村の役人えも敢て存寄なと申セし事を不聞。按是等の公命を蒙る人を見れは、俄に面体をかハらしめ、日々役場なとへ出て色々の斗ひ方を工夫し、人を咎メ、或ハ威勢をふるふ自余の有さま也。翁におゐてハ一言をも出さす。自然に風儀も取直し、村勢も十年以前とは格別になりしハ、十目の見る処にて、実に翁か篤化の邑里に行れしなり。亦此人たるを撰挙し給ふ官吏之明眼、是また翁に倍し給ふ。経ニ云、君子之教以孝也兆家至而日見之也。（『巨石伝』）

（5）翁善行の一二を申さは、御用金とて公儀より数十度被仰付、大金を毎度差上しに、終に金高の多少を不謂。預りたる品を返すかことし。亦鎮守祭礼之時、渡御之神輿を一己にて寄進し、熊倉海道○が小川へ石橋を掛、殿堂に額を献したる杯、通例之物入にてハなけれとも、翁か吝嗇の心なき印証なり。額ハ○の峯の薬師、上勝の勧音堂、万福寺の客殿の額、いつれも翁の直筆なり。小田付と小荒井之間、入田付川ハ古来より歩ごへにて、洪水之折ハ不通となり、諸人の嘆きになりしか、近頃嗣子直房始て大橋を掛渡し、渡初メの時、橋上遥空に舞鶴を見る。依云衆鶴橋と名く。是も翁か志之由とて出ル所、誠に親々たり子々たり（『巨石伝』）

（6）郡吏新妻氏より当年中ニ今一度参り呉候様、両三度被二仰越一候処、寒気甚敷相成、老体にて出起《でたち》及兼。元智方へ左之通遣、中訳置候控。左之通。
厳寒ニ相成候処、弥御安康ニ御凌可レ被レ成、欣然之至ニ奉レ存候。去る頃遠路御出被レ下候処、婚礼之制とは乍レ申、餘り御麁末之至り、残念ニ奉レ存候。其節ハ預二御宮下《みやげ》一候処、取紛御礼も不二申上一候。忝受納仕候。将又御館主様御尊意之趣、具ニ被二仰聞一、難レ有承知仕候。是非参上仕る心底ニて罷在候所、強寒ニて腰痛抔常より別ニ相成、朝夕寐起も不自由ニ相成、此分ニては道中駕ニて参候ても、旅宿にて起居無二覚束一、乍二残念一延引仕候。春ニ相成寒気にゆるみ候は丶、罷上候様可レ仕候間、御序を以宜被二仰上一御執成被レ度奉レ存候。（『北川子文書集』北文―五四）

（7）初冬上旬矢部老翁への御書翰、幷御触発御試書、共に此間拝見仕、得益不レ斜、未レ得二貴顔一候とも呈二愚簡一候。寒中厳寒に御座候へとも、弥御安剛に被レ為レ入、珍重之御事に奉レ存候。愚老無異に罷在申候、乍二慮外一御安慮被レ下度奉レ存候。（『北川子示教録』北示―三七）

（8）……、貴境御同志も無レ之、御独学にて、是而已御怨み、御尤至極察入申候。当方之義も初学講は、林先生毎月両度つゝ御出席被レ成、是まて之通相替義も無二御座一候処。当学之義は、貴君之大志を以、毎月一会つゝは林公も御出席ニて相語り候得共、追日微々ニ相成、其上矢部徳子去月廿一日ニ病死、栗村北川及二極老一候て、漸三四輩に罷成、最早藤学絶々ニ罷成、気之毒ニ奉レ存候。畢竟野生共不徳故之義と恐入罷在候。何とそ一両人も豪傑之人を得て、此道後世へ語伝候様致度候、毎会申し暮し罷在候得共、不レ得二其仁一、時命無二是非一義ニ御座候。……、（『北川子文集』北文―六二）

（9）安永六丁酉夏六月中旬。従二京都一、淵貞蔵殿下二向会津一。九月中旬上都。逗留中、諸生日々会集。右淵氏逗留中、御家中へも響き有レ之。小山田小斎伝四郎殿也老御用人中根源五右衛門殿、儒者松本和兵衛殿抔へ物語有レ之ニ付、大守君へ内々にて達二御聞一。左之通被二仰渡一。藤門の諸生一同大悦。御用人伊藤清左門殿より松本氏へ被二申渡一候写。

九月十二日申聞

松本和兵衛

此度京都より淵貞蔵と申候者、故郷墓参之ため罷下り候由之処、此者義藤樹学之志厚き者之由、被レ為レ聞、奇特成義に思召候。依レ之極御内々にて、蠟燭五十挺被二下置一候間、可レ被二取計一候事。

右之通被二仰渡一。蠟燭五十挺頂戴。帰京被レ致候事。『諸士文通贈答録』諸―九

（10）柴田甚五郎「藤樹学者淵岡山と其学派、事蹟の研究」

（11）二月廿日出之貴墨、五月中旬に相達、委曲拝見仕、廻禄之次第驚入申候。先達て　禁裏炎上洛中不レ残焼失致候と風聞有レ之、千万無二心元一、此方よりも書状為二差登一申候。相達不レ申候哉。御祠堂幷御居宅御類焼之趣被二仰聞一、命分とは乍レ申、扨々皆々一同気之毒に奉レ存候。併先師之神主は御供奉被レ成二御立退一、御家上御怪我も無二御座一候由、此上之御義大慶仕候。依ては当時土蔵相残候に付是へ假屋御立継御住居被レ

成候由、無御不自由可レ被レ成と奉レ察候。

右之御仕合に付、助成之義被二仰遣一候間、早速会地三子之孫々初め諸同志相寄相談仕候処、当地皆々不勢にて、一向用立候程之出金難二相成一仕合に御座候。元来御屋敷之義は、岡山先生御在世之時分御求被レ遊候処、銀子不足にて、諸方之同志御合力有レ之。其引続数度諸生各出を以修覆も差加、此道後世綿々と相伝候様中頃先覚衆之大志にて、御屋敷之義は諸方同学之持前に相成、御自由に不二相成一旨、御祖父様半平様御証文、御歿後御書替、元文三午二月おきんさまおとよさま連印之後証、当地に所持仕候得は、右古証文等をも皆々拝見致、決て難二捨置一義に付、色々及二判談一候処、何を申すも大饉以来は、別而諸生不如意にて、強て取計拾二三両にも漸上り可レ申様に相見申候。先達ての通りに御祠堂建候はは、何程かゝり申事に候哉。当地抔にて建候はゝ五七両も懸候得は出来申候。御祭祠幷会所に差支申義に候間、拾二畳位の書院御祠堂続きへ立添候て、都合大積何程之金高にて出来可レ申哉。積り書御下被レ成候はゝ、猶又出金増候様取計見申度候。列国よりの出金も可レ有レ之候間、取集め、御祠堂を先に御建被レ成候様仕度義に奉レ存候。(『北川子示教録』北示―二八)

六　幼学講

(1) 学校の諸生学問に精を出し、上達の者もあい聞こえ候ところ、一躰の学風は博覧を主とし、九経卒業後は、歴史あるい諸子の類いのみ讀誦いたし、経書ハ〇に致し置き様あい聞え候。畢境識学なとも歴史の類を重おもにあい用い候故、自然と雑博を勉め候様にあいなるべきは申す迄もなく、おのおの飽まで弁ひ候ことに候へとも、学問は脩身治国の道にして侍り、歴史に渉猟し、古今風俗の異同、制度の沿革、代の起る所を辨ひ、諸子を活用して、国家有用の器を成すへき勿論に候えども、いたずらに博覧に誇り、記文章句のみをことと致し候ては、本意を失い候義に候。その本を失ひて、末治り候道はこれなきことに候。行に餘力あらば則ちもって文を学ぶとこれある通り、古は徳行をもって学問の始めとし、礼学をもって末を脩め候こととあい見候。子夏は専ら文学をもって称され候人なれども、孝悌忠信の行い有〇のハ、雖曰未学則吾必謂義につき、博くあい学び候ことの由。参省の義、眼日にて博く学びしより、これを知ること明らかになり、後世の如く看書のみをもって、学問とは致さずの由。学記一年見二離レ経辨一レ志九年知レ類通達強立而不レ反謂二之大成一夫然後足二以化レ民易レ俗近者服而遠者懐之此大学之道也。説命念二終始一典于レ学厥徳脩罔レ覚始に身を脩め、終に民を化するを我か物と致事にて、又大学之道、古之君子欲明々徳必由格物始焉。自天子以至於庶人、壹是皆以脩身為本と有之候所、当時之振合にてハ、大学ニも至り候者ハ、経義も解し可申候へとも、左も無之、一二等生ハ一己勤にも相成、亦ハ他事ニ移り候へハ、書目を成すへき廉とても無之躰之者とも相聞候。敏才にして大器をなし候者ハ数少く、中人以下の者多きことに候得ば、この後取立方もこれ有るべきや。古は礼楽の教を設け、業をもって仕立て候故、威義禮容あい整い、自然と恭敬遜譲の徳を成り候由、後世禮楽の教を廃せしより、詩書六経を読も、その義を了解し、その事を会得し、成徳脩身に致し候外これなきことにて、よって九経の内〇〇読候て、夕会内会などにてもあい催し、孝経論語を初め、年輩相応の義は追々出来候様、段々講釈式ハ、会読為し致し、教導致候わば、実用の学問にあいなるべき哉。一二等生は他事に移り候ても、学校の学矣といわれしかは、孔門の教、想像すべきことなり。多識嚝覧のみ致し候ては、万巻の書を読み候とも〇〇之清言とひとしく、無用の長物とあい成り候ことにて、それ故　御先々代様にも童子訓をご編集被〇当〇実行にニ御導きなされ候えば、且つもって義制事以礼制心とこれ有り、また詩書は義の府なり、礼楽は徳の則なり、と申こともあい見え候。先王の礼義に由らざれば、事を処するにも、理非を断ずることあたわず。また道徳も成り難き義とあい見候。故に古人も、君子博く学びて日に己れを参省すれば、則ち知明かにして行逾〇矣、とこれ有り。博学と申て、後世の雑博をことと致し候にはこれ無く。古の博学は、詩書これにて学び候しるしもこれ有り。師輔を離るといえども而不反せず、と申にも至り、跡戻りも致さず、学び候だけもこれ有り致すべき歟、且つ月々お会所執事を始め、大学生講釈も承り候へとも、一両人宛輪講、間遠の義に候得ば、あい止め、日を定め、学校令出席され、執事を始め、大学生、その外塾生にてもその器に応じ、経書の類にて挙問を挙げ、或いは講釈等これを助け、又は策文を出し、対ハ仮名書なりともいたし、意の取れ候を主とし、対策致すをなし候わば、面々志操もあい顕れ、且つ引立てにあい成り致すべき哉。右導方ハ当分長立ち候面々を始め、執事目当ていたし心得ニ〇候義ニ候間、尚厚く申し談これある様、また試学の次第別して前廉書の趣などにて致すべき哉。評義可分申出候。何れ日新館の学風実行は格別なる義と、他にても唱え候様に候えば、御先々代様の御主意にもあい叶い、工を造し、人才乏しからず。御国の光輝ともあいなり候ことに間、取立方得と評義におよび申し出候様申し聞せ候処、司業を始め、執事ども所存をもあい尋ねられ候ところ、凡て申し聞せ候趣にて、可致〇申出候。ついては各々を始め、執事ども挙て精々あい盡し、諸生の実行格別にあい顕れ候様、取立て申すべく候。また会所にて講釈の義あい止め、皆ども始め諸奉行等も月々両度づつ、左の日ハ学校へ出席され候間、この旨どもに宜しく取り計い候こと。

二日　廿二日　但五ツ半時より　（『北嶺雑記』）

（2）時なる哉、命なる哉。一国の万民、恐悦至極なる義に候。真理実学の機、今年初めて承り、耄の親懿、大恭至極。定めてご大老の思相なるべし。いよいよ行われ候わば、列国迄の亀鑑、これ土津神君の御餘恭、珍々重々。（『北嶺雑記』）

（3）藤樹学近来微々ニ相成候ニ付、吉田組新町村醫師佐藤周安、存寄申出、小沼組郷頭坂内伊兵衛親恕三、塩川村谷衛門両人之名前申出候。尤最寄々々ニ参集、不絶問答議論之会集仕候様被仰付被下度旨相見候処、会集之義いか様ニ致、人別ハ誰々にて如何様ニ取計候ハヽ、近々にも可相成哉。右両人之者とも見込申出候様可有御申聞候。已上。（『北嶺雑記』）

（4）吉田組新町村医師佐藤周庵、藤樹学微々にあい成り候につき、存じ寄り申上げ候由にて、会集の人別は誰々にて、如何様に取り計い候わば、進みにもあい成るべく哉。見込みを申し出候様の御紙面、承知仕り候。御当地之義は、百年以来、御家中町郷村ともに、藤樹学あい学び候者おびただしくこれ有り、既に藤樹先生の高弟岡山子、会津ハ魯国に候なりと、たびたび称美いたされ候由。畢竟土津様の御聖徳の之餘澤ゆえと、先格とも申し伝え候ところ、往々微々にあいなり、近年迄に先格どもも没し、故に当時漸く会日を極め、切磋仕り候ところ、皆々藤樹学通達の者も御座なく、前々会席の粧い見聞致し居り、夫を〇〇〇〇中位の義に御座候。道の大意をも会得仕り、徳功兼備の者ご坐候わば、自然とその徳化によりて、この学筋も後世へ残り可申すべきところ、当時之模様にては、百餘年御当地に語り伝え候藤樹の学筋絶え申すべく、千万残念に存じ奉り候。乍然〇ニ付、不奉〇存、左に申上げ候。

一、浜崎御触下八ケ組に、お代官所四ケ所はさ候間、お支配二ケ組の内より、生質朴実躰にて、人柄の者御吟味之上、十四五人宛お撰びなされ、一六沼上、三八熊倉、五十小田付、四九上三宮と、一ケ月に六度組切に会集仰せつけられ、当学筋の議論切磋仕り候様仰せつけられ被下されたく存じ奉り候。右会座の義は、一ケ月に一会はお代官所をお貸し下され、その餘五会は同志申し合せ、最寄り廻りに集会宜しく存じ奉り候。

一、塩川村谷衛門、上高額村仁衛門、小荒井半十郎・徳次衛門、この四人の者どもは、天理通達の者にもこれ無く候えば、師範にあい頼り候躰び者にはご御座なく候えども、数年来当学に心を寄せ、先格の物読も承り、会座の粧いも見聞いたし罷り在り、藤樹学之家筋にて非ざれども、当学の書籍なども所持仕り候者どもにご座候間、沼上へ谷衛門、熊倉へ仁衛門、小田付へ徳次衛門、上三宮へ半十郎を会座の任に仰せつけられたき義に存じ奉り候。

但し、小田付村半三郎・忠右衛門、上高額村清十郎、金川村丈右衛門、この四人は藤樹学、少々承り候者どもにご座候間、前文の四人へ壱人づつ差し加え致すべく存じ奉り候。

四ケ所へ大勢毎月六度づつ会集仕り、真理実学を取り失い、異端の筋にも入られ、または党を結び、悪事を目論み候様と、お疑いも計り難く候処、幸い当時御見習族司御出役の事に候間、代るにも会坐の毎度ご出席なされ、右躰の義もこれ有る様と御見聞被成下〇〇奉存候。また諸生出席の勤躰とも御格し下され候わば、皆ども出精の薦めにもあい成り、至極宜しく存じ奉り候。

一、毎年両三度位、郡御役所を貸し下され、四ケ所より残らず召し呼びなされ、その節は国学司業の御方様ご出席なされ、孝経の御講釈なりとも、お聞せ下され候様仕りたく存じ奉り候。

一、山三郷ハ、周庵罷り在り候。野沢、小川庄、ならびに戸ノ口、中荒井、お触れ前の方には、当時藤樹学の者承り及ばず候間、お代官所にて、一組一両人宛実義躰の者お撰びなされ、存じ寄りの方へ出席致させ、その者ども、段々当学筋の合点出来候わば、北方にて取り計い候仕法に仰せつけられ候様仕りたく存じ奉り候。

右の通りお計い下され候わば、大勢の内には、天生その器に相当し候者これ有り、藤樹の御素志に通達仕り、必ず道統の者も出来、ご当地に当学絶えざる様にあいなり申すべくと存じ奉り候。また諸生ご領内中に入り交りまかり有り候得ば、不忠不孝の者には、大孝至忠の道理を言い聞せ、悪事悪業の者には、善事善行の事を申し諭させ、人欲に迷い、心身を苦しめ候者には、その惑いを明かし、心安楽になり候様、教諭仕り候わば、人に固有本然の善に立ち帰り、闘争の念も、自然とあい山畔を譲るの心位にあいなり、ご仁政ますます御国中へ布き及び堯舜ノ治となすべくと、憚りながら愚者の管見を申し上げ奉り候。

已上

文化四年卯九月　坂内恕三（『北嶺雑記』）

（5）此度藤樹学之主意幷進ミにも可被成、見込存寄書認差出候様被仰付奉承知候所、右学問之義親義久々ニ相学ヒ居申候ニ付、私義も先輩ニ〇〇ひ段々承り申候所、愚昧之私躰、其学筋ニおいて、万分之一をも自得仕ル○義ニハ無御座、言上仕候段、憚入奉存候。併所存之程不申上候段も、畏入奉存○○○、左ニ奉言上候。

一、藤樹学之義、四書五経之外之学ニハ無御座候。聖人之道を学ひ候義ニ御坐候。賤男賤女ニ至ルまて、学んて至り及ハさる○のハ無之義故ニ御坐候間、会席を相立、先格之口訣を語り、忠孝之道を相学ひ、礼義正しく仕、意知之両語を相弁、良知に至ル時ハ、身脩天下国家を治る道と承り、是まて相学ひ罷在申上左候得ハ、手近キ学問と○○○奉存、尤孝ハもろ〳〵之徳之本なり、○○○の教の是より生する所なりとの教に因て、忠心も孝より出さる忠心ハ忠心にあらすとの義ニハ○○○○、父母へ孝行を仕候道を語り候ハヽ、一文不通之万民も、難有聞容レ候可申と奉存候。亦餘力有ル者ハ、経学博ク相学ひ候義と、先格より承り居申候。後世○ケ敷者ハ、孝経大学中庸を読候而可然由御座候。此学段々相通り候ハヽ、家業勤之はけみニも相成可申候。亦ハ田夫野人之風俗取置之一助ニも罷成可申哉と○○奉○上候。

一、委細之義ハ、漆村郷頭親恕三先日存寄紙面○上申候通ニ而、外ニ存寄無御座候○。

文化四年卯十月

塩川村　谷右衛門（『北嶺雑記』）

(6) 御代官所小沼組郷頭坂内伊兵衛親恕三義、兼而心学相学ひ、手際宜者之由ニ付、此度小田付、小荒井、塩川、三ケ村幼学講ニおいて、来正月より毎月廿五日ニ会集申付候間、恕三義、塩川村谷衛門へ申談、両人主立同学之者とも会集致、凡而幼学講師範林漸蔵得差図、式書ニ有之趣を以取計候様御申聞可有之候。以上

文化四卯年十一月九日

郡役所

志賀他三郎殿

尚会日之毎度、林漸蔵出席致筈ニ候。式書ハ幼学講へ相渡置候。

（『北嶺雑記』）

(7) 道徳仁義、非禮不成、教訓正俗、非禮不備、分争辨訟、非禮不決、君臣上下、父子兄弟、非禮不定、宦學事師、非禮不親、班朝治軍、涖官行法、非禮威厳不行、禱祠祭祀、供給鬼神、非禮不誠不莊、是以君子、恭敬撙節退譲、以明禮。（『礼記』曲禮上第一）

（8）右幼学講、三ケ所ニおいて寸志ニ相建候者御禄ヲ蒙り、修覆金迄備ニ相成、会津之美事ニ有之候処、年ヲ不経して師範方も病死、其後ハいつとなく相廃レ、幼学講も屋守のミにて置、再興之時不至と申ハ、誠以可歎事とも也。
北嶺子記之（『北嶺雑記』）

七　藤樹心学　会津における最後の継承者

（1）「入田付三浦氏系譜」

余章　明治以降の動き

（1）『北川親懿翁雑記思案録集』北思―二
（2）「入田付三浦氏系譜」

会津藤樹心学指導者の系譜

出典：『中江藤樹心学派全集』

中江藤樹（一六〇八～一六四八）――淵岡山①（一六一七～一六八六）

- 淵半平②（京都）（～一七三六）……淵貞蔵③（京都）（一七一五～一七八二）＝淵良蔵④（京都）（一七五〇～一七九九）＝惟清⑤（京都）（生没不詳）＝法心⑥（京都）（生没不詳・血統この人で絶える）
- 木村難波（大坂）（一六三八～一七一六）
  - 松本以休（大坂）（～一七一八）――大島如水（北方）（～一七一六）
  - 植木是水（美作）（生没不詳）
  - 野條勝真（京都）（生没不詳）
- 冨松祐庵（京都）（～一七〇三）
- 森雪翁（若松）（一六四二～一七一一）
- 藤尾久左衛門（京都）（一六二六～一七〇二）――宮森惣吉（若松）（一六五一～一七一九）
- 斉藤元佐（一七二四～一七〇〇）
- 田中全立（江戸）（生没不詳）――二見直養（江戸）（一六五七～一七三三）
  - 赤城誠意（若松）（一六六九～一七四三）
  - 矢部文庵（北方）（一六六九～一七四五）
  - 島影文石（会津藩）（陪臣・～一七五六）
    - （矢部文庵・島影文石より）井上友信（北方）（一七〇六～一七五九）
    - （矢部文庵・島影文石より）井上安貞（北方）（一七一七～一七九〇）
  - 市川時保（備前岡山藩士）（生没不詳）
  - 川村武右衛門（桑名藩士）（～一七一二）
  - 井上七右衛門（江戸）（生没不詳）
- 一尾伊織（江戸）（一六〇四～一六九四）
- 大河原養伯（若松）（一六三五～一六九九）――大河原杏庵（若松）（生没不詳）
- 荒井真庵（若松）（～一六九七）
- 東條方秀（北方）＝東條方義（北方）
  - 東條貞蔵（淵半平の養子となる）
  - 東條次賢（北方）＝東條方堯（北方）＝東條方知（北方）

（一六三四〜一六九六）
遠藤謙安（北方）（〜一七一二）
五十嵐養庵（北方）（一六四二〜一七〇八）
矢部物四郎（北方）（一六四七〜一六七七）
矢部甚五郎（北方）（物四郎弟・生没不詳）
友松氏興（会津藩家老）（一六二二〜一六八七）
村越大吉（会津藩士）（心学師範・生没不詳）
村越矩方（会津藩士）（村越大吉弟・生没不詳）
蓮沼儀右衛門（会津藩儒者）（心学師範・一六二七〜一七〇六）
落合権太夫（会津藩士）（公事奉行・生没不詳）
木村忠右衛門（会津藩士）（郡奉行・生没不詳）
樋口勘三郎（会津藩士）（公事奉行・生没不詳）

（一六六四〜一七一八）
遠藤常尹（北方）（〜一七三四）
矢部甚兵衛（生没不詳）
森代松軒（北方）（一六七六〜一七四六）
五十嵐養元（北方）（〜一七五八）
田中泰庵（北方）（一六五一〜一七三二）
小池常矩（北方）（一六六六〜一七五〇）

（一六九二〜一七四五）
東條藤休（北方）（一六九八〜一七八三）
東條次慎（北方）（一七二九〜一七七六）
東條方知（再掲）
井上安貞（再掲）
伊関通賢（北方）（生没不詳）
矢部湖岸（北方）（一七一八〜一八〇二）
中野義都（北方）（一七二八〜一七九八）
北川親懿（北方）（一七三八〜一八一八）
五十嵐常成（北方）（一七〇四〜一七八〇）
加藤雄山（北方）（〜一八二三）
佐藤周庵（北方）（生没不詳）
鈴木佐助（北方）（一七一五〜一七九二）
東條苗成（再掲）
栗村珍英（北方・生没不詳）

（一七一八〜一七七八）
東條苗成（北方）（一七三三〜一八一一）
井上直鏡（北方）
矢部直麗（北方）（一七四九〜一八一二）
坂内親陽（北方）（一七六六〜一八三六）
石川與左衛門（生没不詳）

（〜一八〇六）
栗村以敬（北方）（一七三七〜一八一四）
穴沢新助（北方）（生没不詳）
鈴木惟敬（北方）（一七一四〜　）
五十嵐常救（北方）（〜一八二三）
矢部惟督（北方）（〜一八三六）
三浦常親（北方）（一八〇八〜一八八四）
穴沢準説（北方）（〜一八五九）
真宮謙長（北方）（生没不詳）

凡例
══ 血縁関係
── 師承関係
---- 略同時代

年　表

西暦	和暦	事　項	藩主
一六四三	寛永二〇	加藤明成、領土を幕府へ返上。（年表）。	初代藩主　保科正之（一六四三〜一六六九）
		保科正之、会津二三万石に就封。（年表）	
一六四四	正保　元	淵岡山（二八歳）、中江藤樹に入門。（藤樹全集）	
一六四六	正保　三	横田俊益、初めて『論語』を講義。（横田年譜）	
一六四七	正保　四	横田俊益、『中庸』を講義。（横田年譜）	
一六四八	慶安　元	中江藤樹没（享年四一歳）。『藤樹全集』	
		横田俊益、『日用薬性能毒』を講義。（横田年譜）	
一六五〇	慶安　三	横田俊益、『難経本義』を講義。（横田年譜）	
一六五二	承応　元	横田俊益、『格知余論』を講義。	
一六五三	承応　二	横田俊益、『詩経』『周易』を講義。（横田年譜）	
一六五四	承応　三	横田俊益、『周易』『孝経大義』を講義。（横田年譜）	
一六五七	明暦　二	保科正之、横田俊益を召抱え。（横田年譜）	

一六六〇	万治　三	横田俊益、『大学』を講義、中断。（横田年譜）	
一六六一	寛文　元〜四	大河原養伯、荒井真庵、京都遊学。淵岡山へ入門。（教育考）	
一六六一	寛文　元	横田俊益、巡講の制。『大学』の講義再開。（横田年譜）	
一六六二	寛文　二	横田俊益、『詩経』『中庸』『西銘』を講義。（横田年譜）	
一六六三	寛文　三	横田俊益、『中庸』を講義。（横田年譜）	友松氏興（家老）（一六六三〜一六七六）
一六六四	寛文　四	大河原養伯・荒井真庵、京遊学より帰郷。（教育考）	
		横田俊益、稽古堂創設。堂主岡田如黙。（横田年譜）	
		横田俊益、『大学』『中庸』を講義。（横田年譜）	
一六六五	寛文　五	保科正之、山崎闇齋を賓師として江戸へ招聘。（実紀）	
		『玉山講義附録』編集、板行。（実紀）	
		横田俊益、『論語』を講義。（横田年譜）	
一六六六	寛文　六	『会津風土記』編集。（実紀）	
一六六八	寛文　八	『二程治教録』編集。（実紀）	
一六六九	寛文　九	保科正之隠居。保科正経襲封。（実紀）	二代藩主　保科正経（一六六九〜一六八一）
		『伊洛三子伝心録』編纂。（実紀）	
一六七二	寛文一二	『会津神社志』編纂。保科正之没。（実紀）	
一六七四	延宝　二	淵岡山京都に学館・祠堂を建設。（北川思案録抄）	保科正興（家老）（一六七五〜一六八五）
		会津藩、会所へ四書五経を附置。（実紀）	

一六七七	延宝　五	藩士対象の学問所「講所」を創設。（実紀）	
一六七九	延宝　七	矢部宗四郎没。（享年三二歳）（藤門像賛）	
		『東條子十八箇条問記』	
一六八一	延宝　七	保科正経致仕。弟保科正容襲封。正経没。（実紀）	三代藩主　松平正容（一六八一〜一七三一）
一六八二	天和　二	黙堂、遠山らを「耶蘇の疑いあり」と告訴。（実紀）	
一六八三	天和　三	淵岡山会津訪問。（実紀）	
		保科正興お役御免申し出。取り上げられず。（実紀）	
		遠山らに裁断。西郷近房反対。申渡しせず。（実紀）	
		心学制禁令布告。（実紀）	
一六八四	貞享　元	老中阿部正武、心学師範村越大吉召し抱え。（実紀）	西郷近房（家老）（一六八四〜一六八九）
		黙堂、遠山らへ最終裁決申し渡し。（実紀）	
		淵岡山の徳川綱吉への進講計画取りやめ。（実紀）	
一六八五	貞享　二	岡田春越、稽古堂堂主就任。（横田年譜）	
		保科正興、家老職召上げ蟄居。	
		翌年知行召上げ。流罪。配所にて没。（実紀）	
		奉行山田武兵衛、遠在郷仰付け。翌月配所にて餓死。（実紀）	
		町奉行野村久兵衛、切腹仰付け。（実紀）	
		心学制禁令解禁布告。（実紀）	
一六八六	貞享　三	淵岡山没。（享年七〇歳）	
一六八八	元禄　元	保科正容、十二カ条の教令発布。（実紀）	

		正容、講所へ一〇〇石、稽古堂へ五〇石の学料を寄付。（実紀）	
		横田俊益、岡田春越を破門。（横田年譜）	
一六八九	元禄　二	庶民の学問所町講所新設。稽古堂を併合。（実紀）	西郷近房（大老）
一六九〇	元禄　三	保科正興没。（享年四一歳）（実紀）	（一六八九―一七〇一）
一七九六	元禄　九	三代藩主保科正容に松平の姓が与えられる。（実紀）	
		東條方秀没（享年六三歳）。（藤門像賛）	
		岡田如黙没。（享年六五歳）（年表）	
一六九七	元禄一〇	荒井真庵没（享年不詳）	
一六九九	元禄一二	大河原養伯戌没（享年六五歳）。	
一七〇〇	元禄一三	齋藤玄佐没（享年七七歳）。（藤門像賛）	
一七〇二	元禄一五	五十嵐養庵、学館維持のため質屋「心学蔵」設置。	
		（清風堂銘幷序）	
		藤尾久左衛門没（享年七七歳）。（藤門像賛）	
		横田俊益没（享年八三歳）。（横田年譜）	
一七〇五	宝永　二	「会津藤樹学諸生会約」	
一七〇八	宝永　五	五十嵐養庵没（享年六七歳）。（藤門像賛）	
一七一一	正徳　元	森雪翁没（享年七〇歳）	
一七一二	正徳　二	遠藤謙安没。（藤門像賛）	
一七一六	正徳　五	『心学肝要抄』	
一七一六	享保　元	木村難波没（享年七九歳）。（藤門像賛）　大島如水没。	

一七一八	享保　三	東條方義没（享年五四歳）。（藤門像賛）	
一七一九	享保　四	宮森惣吉没（享年七九歳）	
一七二一	享保　六	全国の同志、藤樹先生墳墓修復費用助成。二一七人中、会津からは七八人賛助。（藤夫子行状聞伝） 岡田此母、藤樹書院参拝。（日記）	
一七二四	享保　九	舟城玄庵・高橋善右衛門、藤樹書院参拝。（日記）	
一七二六	享保一一	穴沢加右衛門ら、藤樹書院参拝。（日記）	
一七二九	享保一四	森代松軒・五十嵐左衛門ら七人藤樹書院参拝。（日記）	
一七三一	享保一六	松平正容没（享年三二歳）。容貞襲封。（実紀） 井上和右衛門ら四名、藤樹書院参拝。（日記） 東條清右衛門ら四名、藤樹書院参拝。（日乗）	四代藩主　松平容貞 （一七三一～一七五〇） 西郷近張（家老） （一七三一～一七五一）
一七三二	享保一七	田中泰庵没（享年八一歳）。（藤門像賛）	
一七三三	享保一八	二見直養没（享年七七歳）。（二見直養芳翰集上） 遠藤松斉、心学会のための集会室提供の口上書。（遠藤光男文書）	
一七三四	享保一九	遠藤常尹没。（藤門像賛） 北方七三名、藤樹書院修理費用拠出。（日記） 矢部佐平治、矢部善平治、藤樹書院参拝。（日記）	
一七三六	元文　元	淵半平没。	
一七三八	元文　三	祠堂・学館、淵半平の娘きん・とせが名義相続。	

		（北川思案録抄）	
		数年後東條貞蔵、淵きんと結婚。淵貞蔵となり、学館・祠堂を相続。	
一七四三	寛保　三	島影文石、「二見直養翁芳翰録」編集。（二見芳翰録）	
		赤城誠意没（享年七五歳）	
一七四五	延享　二	東條次慎没（享年五四歳）。（藤門像賛）	
一七四六	延享　三	森代松軒没（享年七一歳）。（藤門像賛）	西郷近張（家老）
一七四七	延享　四	宮森惣吉没（享年七九歳）	（一七四七～一七五一）
一七五〇	寛延　三	松平容貞没（享年三二歳）。容頌襲封。（実紀）	五代藩主　松平容頌
		小池常矩没（享年八五歳）。（藤門像賛）	（一七五〇～一七八五）
一七五四	宝暦　四	矢部文安没（享年八五歳）。（藤門像賛）	
一七五六	宝暦　六	島影文石没。	
一七五九	宝暦　九	井上友信没（享年五四歳）。（藤門像賛）	
一七六三	宝暦一三	質屋「心学藏」この頃まで続く。	
一七七六	安永　五	中野義都、「藤門像賛」を著述。（藤門像賛）	
		東條次慎没（享年四七歳）。（藤門像賛）	
		矢部湖岸ら「証書」の引き継ぎを定める。	
		矢部湖岸→東條方知→井上国直→中野義都→	
		北川親懿（証書）	
一七七七	安永　六	淵貞蔵、会津へ下向。（贈答録）	
一七七八	安永　七	東條方堯没（享年六一歳）。（藤門像賛）	

一七七九	安永 八	北川親懿、「諸子文通贈答録」書写。（贈答録）	田中玄宰（家老）
一七八〇	安永 九	五十嵐常成没（享年七七歳）。（藤門像賛）	（一七八一～一八〇三）
一七八二	天明 二	淵貞蔵没（享年六八歳）	
		～四年、天明の大飢饉	
一七八三	天明 三	東條藤休没（享年八五歳）	
一七八八	天明 八	京都学館・祠堂焼失。（北川子示教録）	
一七九〇	寛政 二	井上安貞没（享年七四歳）。（藤門像賛）	
一七九二	寛政 四	鈴木佐助没（享年七八歳）	
一七九六	寛政 八	北川親懿、『華翰俗解』を著述。（華翰俗解）	
一七九七	寛政 九	北川親懿、『井上略伝並碑』執筆。（井上略伝碑）	
		「証書」引き継ぎ。北川親懿→栗村珍英→長嶋富修。（証書）	
一七九八	寛政一〇	中野義都没（享年七一歳）。（藤門像賛）	
一八〇一	享和 元	日新館開校。（実紀）	
一八〇二	享和 二	矢部湖岸没（享年八五歳）。（藤門像賛）	田中玄宰（大老）
一八〇四	文化 元	「証書」引き継ぎ。長嶋富修→矢部直麗。（証書）	（一八〇三～一八〇八）
一八〇五	文化 二	松平容頌没（享年六二歳）、容住襲封。（実紀）	六代藩主 松平容住
		松平容住没（享年二八歳）。（実紀）	（一八〇五）
		関本巨石没（享年七〇歳）	
一八〇六	文化 三	松平容衆襲封。（実紀）	七代藩主 松平容衆

一八〇七　文化　四　会津藩大司成、学術振興ための布告。（北嶺雑記）　（一八〇六～一八二二）
「証書」引き継ぎ。矢部直麗→新明宗広。（証書）
一八〇八　文化　五　北方小田付・小荒井・塩川に幼学講開設。（北嶺雑記）
一八一〇　文化　七　新明宗広没。「証書」引き継ぎ途絶。
一八一二　文化　九　「証書」→五十嵐常救→井上直麗　（証書）
一八一四　文化一一　栗村以敬没（享年七八歳）。（藤門像賛）
一八一八　文政　元　「証書」引き継ぎ。井上直鏡→矢部惟督　（証書）
北川親懿没（享年八一歳）。
一八二二　文政　五　松平容衆没（享年二〇歳）。容敬襲封。（実紀）　八代藩主　松平容敬
一八三六　天保　七　「証書」引き継ぎ。矢部惟督→三浦常親　（一八二二～一八五二）
三浦常親、「証書」を中江藤樹の祠堂に納める。
一八三八　天保　九　三浦常親「証書」を祠堂から請け出し、手元へ置く。
一八四五　弘化　二　「証書」引き継ぎ。三浦常親→真宮謙長→穴沢準説
一八五二　嘉永　五　松平容敬没（享年四七歳）。容保襲封。（歴史年表）　九代藩主　松平容保
一八五四　嘉永　七　三浦常親『東條子問記』序を叙述。（東條問記）　（一八五二～一八六八）
三浦常親『二見芳翰別録』編纂。（二見別録）
一八五九　安政　六　穴沢準説没。「証書」引き継ぎ途絶。（証書）
一八六〇　安政　七　「証書」→真宮謙長→三浦常親。（証書）
一八六二　文久　二　松平容保、京都守護職に任ぜらる。
一八八一　明治一四　三浦常親没。（三浦氏系譜）

凡例

（年表）：会津歴史年表　（藤樹全集）：藤樹先生全集　（横田年譜）：『横田三友年譜』　（教育考）：会津藩教育考　（実紀）：会津藩家世実紀　（北川思案録抄）：北川親懿雑記思案録抄　（雑記）：北領雑記　（行状聞伝）：藤夫子行状聞伝　（日記）：書院日記　（日乗）：藤樹書院日乗　（二見芳翰集上）：二見直養翁芳翰集　（贈答録）：諸子文通贈答録　（証書）：藤樹夫子筆蹟授受之証書　（東條問記）：東條子十八箇条問記　（二見別録）：二見直養翁芳翰集別録

引用・参考文献

『会津藩家世実紀』（一九七五年・編者代表豊田武・吉川弘文館）
『会津藩教育考』（一九三一年発行・一九七八年覆刻・小川渉著・東京大学出版会）
『会津藩教学の祖　横田俊益』（一九七九年・相田泰三著・会津史談会）
『会津藩著述目録』（菊池研介著・居水書屋）
『会津藩に於ける山崎闇斎』（一九三五年・前田恒治著・西沢書店）
『会津喜多方の歩み』（昭和四十一年　伊藤豊松　喜多方の歩み編纂委員会）
『会津人物事典（文人編）』（一九九〇年・小島一男著・歴史春秋出版）
『会津の藤樹心学指導者』（一九七三年・鈴木茂雄著）
『会津歴史年表』（二〇〇九年・新訂会津歴史年表作成委員会・歴史春秋社）
『会津若松市史』第一二巻　資料便覧編（昭和四二年・会津若松市出版委員会・会津若松市）
『五十嵐養庵先生語類文集』上下（『中江藤樹心学派全集』所収）

『井上国直言行略伝並碑』（『中江藤樹心学派全集』所収）
『植木是水示教録』（『中江藤樹心学派全集』所収）
『江戸大名廃絶物語』（二〇〇九年・新人物往来社編・新人物往来社）
『江戸の読書会─会読の思想史』（二〇一二年・前田勉・平凡社）
『遠藤謙安先生覚書』（『中江藤樹心学派全集』所収）
『遠藤常尹覚書』（『中江藤樹心学派全集』所収）
『會北之王氏學』写本（大正二年　荒井　劼）
『華翰俗解』（『中江藤樹心学派全集』所収）
『漢方の歴史─中国・日本の伝統医学』（一九九九年・小曾戸洋・大修館）
『喜多方地名散歩』（平成十八年・佐藤健朗著・歴史春秋社）
『北川子示教録』（『中江藤樹心学派全集』所収）
『北川子文集』（『中江藤樹心学派全集』所収）
『北川親懿雑記思案録抄』（『中江藤樹心学派全集』所収）
『北方三子伝』写本
『近世会津史の研究』（昭和五十三年・山口孝平著・歴史春秋社）
『近世藩校に於ける学統学派の研究』（一九六九年・笠井助治著・吉川弘文館）
『近世藩制・藩校大事典』（二〇〇六年・大石学編・吉川弘文館）

『近世民衆思想の研究』（一九七九年・庄司吉之助著）
『岡山師覚書』（『中江藤樹心学派全集』所収）
『岡山先生示教録』巻之一～巻之七・追加（『中江藤樹心学派全集』所収）
『岡山先生書簡集』上・中・下（『中江藤樹心学派全集』所収）
『国書人名辞典』第二巻・第三巻（一九九五年・岩波書店）
『国史大辞典』第十二巻・十三巻（一九九一年・国史大事典編集委員会・吉川弘文館）
『三百藩家臣人名事典』第二巻（一九七八年・家臣人名事典編纂委員会編・新人物往来社）
『書院日記（享保五年庚子之春）』（『藤樹書院文献調査報告書』所収）
『詳説日本史』（発行年空欄・井上光貞・笠原一男・児玉幸多・山川出版社）
『諸子文通贈答録』（『中江藤樹心学派全集』所収）
『心学肝要抄』（『中江藤樹心学派全集』所収）
『新編会津風土記』（一九九九年・歴史春秋出版）
『席上一珍』（『中江藤樹心学派全集』所収）
『先賢要語集』（『中江藤樹心学派全集』所収）
『太陽コレクション　城下町古地図散歩８』（一九九八年・平凡社）
『中国医学思想史』（一九九二年・石田秀実著・東京大学出版会）
『中国近世の心学思想』（二〇一三年・吉田公平・研文出版）

『東條子十八箇条問記』（『中江藤樹心学派全集』所収）
『藤樹先生全集』第五冊（一九二八年・藤樹書院・岩波書店）
『藤樹書院　日乗　第二号（享保十六年辛亥歳）』（『藤樹書院文献調査報告書』所収）
『藤樹書院　日記』（『藤樹書院文献調査報告書』所収）
『藤門像賛』（『中江藤樹心学派全集』所収）
『徳川思想小史』（一九七三年・源了圓著・中公新書・中央公論新社）
『徳川大名改易録』（一九九八年・須田茂・崙書房出版）
『中江藤樹心学派全集』上下（二〇〇七年・小山國三　吉田公平共編・研文出版）
『中江藤樹伝及び道統』（後藤三郎著）
『難経古注集成六』（一九八二年・篠原孝市編・東洋医学研究会）
『難波叟議論覚書』上下（『中江藤樹心学派全集』所収）
『日新館志六』（一八二八年　吉村寛泰著）　写本　福島県立博物館
『日本教育文庫』［第一・二］（一九一一・同文館編輯局・同文館）
『日本近世の心学思想』（二〇一三年・吉田公平・研文出版）
『日本史人物辞典』（二〇〇〇年・日本史広辞典編集委員会編・山川出版社）
『日本教育史資料』（一九六九年・文部省編・臨川書店）
『日本人名大事典（新撰大人名辞典）』第四巻（一九七九年・下中邦彦・平凡社）

『日本における陽明学』（一九九九年・吉田公平・ぺりかん社）
『日本仏教史　近世』（昭和六十二年　圭室文雄　吉川弘文館）
『日本陽明学派の研究―藤樹学派の思想とその資料』（一九八六年・木村光徳著・明徳出版社）
『樋口覚書』（『中江藤樹心学派全集』所収）
『福島県史』第二一巻文化二　（一九六七年・執筆者山口孝平）
『福島県の地名』（一九九三年・平凡社）
『福島県耶麻郡誌』（一九一九年・耶麻郡役所編）
『淵岡山』（二〇〇〇年・古川治・明徳出版社）
『二見直養芳翰集』（『中江藤樹心学派全集』所収）
『北領雑記』二巻　写本　東洋大学図書館蔵
『松本以休先生示教録』（『中江藤樹心学派全集』所収）
『簗田文書　御用・公用日記』（歴史春秋社）
『陽明学が問いかけるもの』（二〇〇〇年・吉田公平・研文出版）
『横田三友先生年譜』（横田俊晴編）　写本　会津若松市立会津図書館所蔵
『横田三友俊益の年譜』（二〇〇五年・布澤忠夫編著・新人物往来社）
『横田俊晴年譜』（横田俊晴編）　写本　会津若松市立会津図書館所蔵
『礼記』上　新釈漢文大系　（一七九一年・明治書院）

『和刻　漢籍医書集成第六輯』（一九八九年・小曾戸洋　真柳誠編・医聖社）
「会津藤樹学道統譜・会津外藤樹学道統譜」（一八三六年・三浦親馨編）
「藤樹学者淵岡山と其学派、事蹟の研究」（昭和十七年柴田甚五郎　帝国学士院紀事第一巻第一号）
「藤樹学者淵岡山と其学派、学説の研究」（昭和十八年柴田甚五郎　帝国学士院紀事第二巻第三号）
「藤樹学者淵岡山と其学派、岡山学派の研究」（昭和二十一年柴田甚五郎　帝国学士院紀事第四巻）
「曲直瀬道三とその医術」（一九八三年　安井広迪著「THE KAMPO」第二号）
「会津の藤樹学について」（昭和五十四年・川口芳昭著　歴史春秋第十一号　歴史春秋社）
「会津藤樹学の性格」（昭和三十三年・金谷治講演録）
「会津陽明学考」（一九一五年〜・齋藤一馬著「陽明学」八六・九〇・九一・九六・九七号）
「会津陽明学遺跡に遊ぶ記」（一九二〇年　東敬治著「陽明学」第百三十五号）
「会津の人口を考える—藩政時代から現代まで」（大塚実著「歴史春秋」第十九号）
「入田付三浦氏系譜」（入田付三浦家所蔵）
「北方の藤樹学」（荒井剛著「歴史春秋」第六号）
「郷学〝稽古堂〟—その創始と終焉—」（「会津史談」第六十七号）

あとがき

小山國三さんとともに著したのは、この本が三冊目である。一冊目は『中江藤樹心学派全集』である。基本資料は東洋大学に所蔵されていた。かつて東洋大学に奉職していた東敬治・生田正庵・柴田甚五郎師弟の賜物である。この藤樹心学派関連資料を木村光徳先生が調査されて、『日本陽明学派の研究―藤樹学派の思想とその資料―』という大著を公刊された。

その後、小生が東洋大学に赴任して、この自筆写本を確認して、いずれは取りかかることを心に決めていたが、それを具体的に始める契機になったのは、小山國三さんとの出会いであった。

基本資料の調査も読解も難儀な作業である。それを小山國三さんは孜々として進められた。それを仕上げた後、少しお休みして、次に『川田雄琴全集』に取り組んだ。

旧来、日本における陽明学運動は、中江藤樹とその門流、三輪執斎とその門流、佐藤一斎・大塩平八郎とその門流と、途切れ途切れに展開されてきたと理解されてきたが、『中江藤樹心学派全集』『川田雄琴全集』の公刊によって、江戸時代から昭和期まで、絶えることなく学び続けられてきたことが証明された。

しかし、証言の存在を紹介しただけでは、責任を果たし切れていないことを二人とも自覚していた。その思想内容と歴史的経緯を明らかにすることの責務を肝に銘じていた。

その成果が本書である。心学思想については吉田が担当した。平明を旨としたので原典資料は引用していない。心学の心性論を詳しく確認したい読者は、吉田の『陸象山と王陽明』『陽明学が問いかけるもの』『陽明学からのメッセージ』（以上は研文出版）をご参照ください。

歴史的経緯については小山國三さんが担当した。小山さんは会津若松市の出身である。それだけに郷土愛に促されて、丹念に資料を博捜されて、丁寧に論述を展開された。旧説を覆す叙述にみちている。その意味では本書の圧巻は第Ⅱ部にあると言っても過言ではない。さぞかし難渋したに違いないのだが、小山さんはいつもにこにこと研究の進展を報告された。そのときの小山さんは楽しくて仕方がないという温顔であった。

藤樹の心学は愛媛県大洲市、滋賀県高島市の両藤樹会が多くの会員を擁して、長いこと熱心に学ばれている。両藤樹会は藤樹心学を活学して現在に生きることに取り組み、結果的に中江藤樹を顕彰することになっている。

実は会津・喜多方も基本的には同じである。喜多方の皆さんは「藤の樹会」を結成して藤樹心学を学んでいる。会津若松よりも喜多方の皆さんの方がより熱心である。大洲市・高島市の藤樹会については広く知られているが、「藤の樹会」の活躍については、これまであまり知られていなかったので、現在の主役たちを紹介しておきたい。

鈴木充正・北見千穂・富田幸雄・澤井清英・新田義則・山中雄志・小荒井浩・東條勝・菅井一良・伊藤豊松・東條孝雄の諸氏である。今は健康上の理由で退隠されておられるが、関本渓水氏の功績は顕著である。

小山さんともども、講演・調査のために何度か喜多方を訪れた。そのときには、喜多方市の関係者の皆さんには快く迎えて頂いた。特に関本渓水・沢田清英の両氏には、資料の発掘にもつながる懇切な案内をして頂き、いつも心満ちる思いで喜多方を後にした思い出がある。本書の公刊はその御礼の気持ちをも込めている。藤の樹会のご活躍を祈念します。

研文出版は中国研究の成果を出版することを本流とされていますが、日本儒学に関する本書の出版を社長の山本實さんは許して下さいました。深く感謝いたします。

平成三十年八月一日

吉田　公平

吉田公平（よしだ こうへい）
1942年宮城県岩沼市生まれ。東北大学文学部卒業。東洋大学名誉教授。中国哲学・日本思想史専攻。
編著『陸象山と王陽明』『陽明学が問いかけるもの』『中国近世の心学思想』『日本近世の心学思想』『陽明学からのメッセージ』（以上、研文出版）、『伝習録』（角川書店）、『伝習録』『菜根譚』『洗心洞劄記（上下）』（以上、たちばな出版）、『日本における陽明学』（ぺりかん社）、『林良斎全集』（監修、ぺりかん社）、『中江藤樹心学全集』『川田雄琴全集』（共に小山國三と共編、研文出版）

小山國三（こやま くにぞう）
1935年福島県会津若松市生まれ。明治鉱業株式会社、鐘紡株式会社を経て、2001年（65歳）より二年間東洋大学文学部中国哲学文学科科目等履修生、十年間同大学大学院文学研究科中国哲学専攻博士前期課程科目等履修生。
編著『中江藤樹心学派全集』『川田雄琴全集』（共に吉田公平と共編、研文出版）

中江藤樹の心学と会津・喜多方

2018年7月26日初版第1刷印刷
2018年8月 3 日初版第1刷発行

定価［本体2300円＋税］

著　者　吉田　公平
　　　　小山　國三
発行者　山本　　實
発行所　研文出版（山本書店出版部）
東京都千代田区神田保町2-7
〒101-0051　TEL 03-3261-9337
FAX 03-3261-6276

印刷・製本　モリモト印刷
カバー印刷　ライトラボ

2018 Printed in Japan
ISBN978-4-87636-437-4